KREATIVITÄT UND TRAINING

Empirische Untersuchung
zur Wirksamkeit
von Kreativitätstrainings

durchgeführt an der
Salzburg Management Business School
der Universität Salzburg

Andrea Wurzer, MTD

Copyright © 2015 Andrea Wurzer

www.creativity-to-go.at

All rights reserved.

ISBN-13: 978-1502988027
ISBN-10: 150298802X

INHALT

1 Einleitung   **7**

2 Theoretische Grundlagen   **11**

  2.1 Erläuterung des Begriffes Kreativität   **11**
      2.1.1 Kreativität - Definitionen und Modelle   11
      2.1.2 In welchen Bereichen ist Kreativität notwendig?   21
      2.1.3 Zusammenfassende Betrachtung   24

  2.2 Zusammenhang von Persönlichkeit und Kreativität   **25**
      2.2.1 Kognitive Fähigkeiten   26
      2.2.2 Motivationsfaktoren   28
      2.2.3 Persönlichkeitseigenschaften   28
      2.2.4 Zusammenfassende Betrachtung   32

  2.3 Ansätze zum Zusammenhang von Team und Kreativität   **32**
      2.3.1 Das Beiträgekombinationsmodell   33
      2.3.2 Gegenüberstellung kreatives Team – kreative Person 35
      2.3.3 Zusammenfassende Betrachtung   36

  2.4 Der kreative Prozess in der Theorie   **36**
      2.4.1 Kreativer Prozess nach Graham Wallas   37
      2.4.2 Kreativer Prozess nach Teresa Amabile   39
      2.4.3 Zusammenfassende Betrachtung   43

  2.5 Einflussfaktoren auf Prozesse der Kreativität   **44**
      2.5.1 Investment-Theorie nach Sternberg und Lubart   44
      2.5.2 Förderliche Umfelder nach Gardner   46
      2.5.3 Personenbezogene Einflussfaktoren nach Amabile und Gryskiewicz 48
      2.5.4 Umweltbezogene Einflussfaktoren nach Amabile und Gryskiewicz 49
      2.5.5 Kreativitätsbarrieren nach Groth & Peters   53

  2.6 Zusammenfassung der theoretischen Grundlagen   **54**

3 Empirische Untersuchung   **61**

  3.1 Erkenntnisleitende Fragen und Hypothesen   **61**

  3.2 Methodisches Vorgehen   **62**
      3.2.1 Die Vorbereitungsphase 62

3.2.2 Ziel der empirischen Untersuchung   62
3.2.3 Erhebungsphase/Untersuchungsablauf   63
3.2.4 Methode der Befragung 63
3.2.5 Gestaltung des Fragebogens   64

3.3 Durchführung und Auswertung   65
3.3.1 Beschreibung der Stichprobe   65
3.3.2 Ergebnisse der empirischen Befragung   66

4 Interpretation der Ergebnisse   77

4.1 Veränderung der Selbsteinschätzung   77

4.2 Nachhaltiger Einsatz von Kreativitätstechniken   78

4.3 Trainer und Rahmenbedingungen   80

5 Zusammenfassung   83

„Man kann einem Menschen nichts beibringen,
man kann ihm nur helfen,
es in ihm selbst zu entdecken."
Galileo Galilei

1 Einleitung

Wir leben in einer Zeit, die schnelllebig ist. Eine Zeit, die uns täglich vor neue Herausforderungen stellt. In dieser Zeit ist eine Fähigkeit besonders wichtig geworden: die Fähigkeit zum kreativen Problemlösen. Namhafte Forscher gehen sogar so weit, zu behaupten, Kreativität sei in Zukunft wertvoller als die Rohstoff-Ressourcen der Welt. Doch die Tatsache ist, dass das kreative Potenzial der Menschen weitgehend brach liegen bleibt. Die Gründe dafür sind vielfältig.

Durch meine Trainertätigkeit komme ich vermehrt in Kontakt mit Menschen, die an ihren eigenen kreativen Potenzialen zweifeln. Irgendwann in ihrer Kindheit wurde diese von Eltern oder Lehrern durch Erziehung ausgetrieben oder verschüttet. Mangelndes Vertrauen in das eigene kreative Potenzial ist einer der Gründe, warum es nicht in seinem ganzen Ausmaß genutzt wird.

In meinen Workshops und Trainings konnte ich miterleben, wie Teilnehmer genau dieses verloren gegangene Vertrauen in ihre eigenen kreativen Potenziale Stück für Stück zurückgewannen. Das waren Momente, die mich sehr berührten. Es waren ihre Lebensfreude und Energie, die plötzlich wieder erwachten und Lebendigkeit ins Leben der Teilnehmer brachte, die mich faszinierten, mich in meinem Tun bestärkten und weiter vorantrieben.

Einmal sagte eine Teilnehmerin zu mir: „Als Nichts bin ich gekommen und als Kreative geh' ich nach Hause!" Diese Aussage und das freudestrahlende Gesicht waren für mich ein Schlüsselerlebnis. Diese besondere Begebenheit hat mir aufgezeigt, wie wichtig die richtigen Rahmenbedingungen für Teilnehmer sind. Denn nur sie gewährleisten die notwendige Sicherheit, um eine schöpferische, kritikfreie Atmosphäre zu kreieren, in der die Teilnehmer Mut fassen können, sich auf den Weg des kreativen Handelns zu wagen.

Wenn ein Großteil der Menschen nicht an sein kreatives Potenzial glaubt und es dadurch auch nicht einsetzt, hat das ebenso für die Wirtschaft schwerwiegende Folgen. Europa braucht kreative Köpfe, um am Weltmarkt bestehen zu können. Wir haben keine Ölfelder und sind keine Billiglohnregion, deshalb sind Innovation und Kreativität die

Motoren, die in den nächsten Jahrzehnten den Erfolg unserer Wirtschaft und Gesellschaft beeinflussen werden. Darum ist es umso wichtiger, dass jeder Einzelne sich seiner Fähigkeiten und Stärken bewusst ist und sie schätzt. Nur so kann jeder Einzelne seine Einzigartigkeit erkennen und sie zum Nutzen für sich und andere einsetzen. Kreativitäts-Trainings können einen wesentlichen Beitrag dazu leisten.

Die Notwendigkeit von Kreativität in Organisationen und Unternehmen nimmt zu, doch ihre Durchführung stößt auf eine Reihe von Widerständen. Diese ergeben sich oftmals aus den Strukturen oder der vorherrschenden Kultur eines Unternehmens. Meetings werden abgehalten und Ideen und Vorschläge erwartet. Doch meistens enden diese sogenannten Kreativitätsmeetings eher in Frustration. Oftmals spricht nur ein Kollege, die restlichen Teammitglieder bringen sich kaum ein. Bringt sich doch jemand ein, wird derjenige schnell mundtot gemacht, wenn die Ideen ein wenig ausgefallener als gewöhnlich sind. Die Ergebnisse dieser Treffen sind Ratlosigkeit und Resignation.

Damit diese Meetings nicht zäh ablaufen, sondern zu produktivem Austausch führen und letztlich effektiv sind, braucht das Team vor allem Kenntnis darüber, worin die Stärken und Fähigkeiten der einzelnen Kollegen liegen. Ebenso ist ein geschützter Rahmen notwendig, der durch besondere Regeln und Vorgehensweisen ein Klima schafft, das ein ideales Milieu für Problemlösungen bietet. Eine förderliche Umgebung wirkt auf die Beteiligten in positiver Weise anregend und motivierend. Durch die passenden Rahmenbedingungen wird den Teilnehmern Sicherheit geboten, die ihnen den Mut verleiht sich zu öffnen. Dies sind einige der Eckpunkte, die Voraussetzung für kreatives Handeln ermöglichen. Wichtig ist auch der Einsatz der für die jeweilige Aufgabenstellung geeigneten Kreativitätstechniken - dadurch erhält jeder ein gutes Werkzeug, das durch Übung zur Steigerung des kreativen Potenzials beiträgt.

Mir ist es ein persönliches Anliegen, im Leben meiner Teilnehmer Veränderung zu bewirken. Darum besteht das Kernanliegen der vorliegenden Arbeit darin, die Wirksamkeit von Kreativitäts-Trainings zu überprüfen: Können Kreativitäts-Trainings nachhaltig das kreative Verhalten der Teilnehmer erhöhen? Steigt die Selbsteinschätzung an die eigenen kreativen Fähigkeiten nach einem Kreativitäts-Training? Und vor allem möchte ich der Frage auf dem Grund gehen, welche Rahmenbedingungen ausschlaggebend sind, um ein wirksames Kreativitäts-Training zu absolvieren. Die Absicht dieser Studie besteht darin, Ansatzpunkte zu finden, um künftig die methodischen Ansätze in Kreativitäts-Trainings zu verbessern.

2 Theoretische Grundlagen

2.1 Erläuterung des Begriffes Kreativität

Im Rahmen dieses Kapitels wird Eingangs die Historie der *Kreativität* dargestellt, sowie der Begriff *Kreativität* durch verschiedene Definitionen ohne Anspruch auf Vollständigkeit erläutert. Im Anschluss daran wird dargestellt, in welchen Bereichen Kreativität ihre Anwendung findet. Den Abschluss dieses Kapitels bilden eine zusammenfassende Betrachtung sowie die Definition des Begriffes *Kreativität* für die vorliegende Arbeit.

2.1.1 Kreativität - Definitionen und Modelle

In früheren Zeiten herrschte der Glaube, Kreativität und Begabung seien nur Künstlern und Genies vorbehalten, die von Musen inspiriert wurden. Die Idee, dass kreatives Schaffen mit charakteristischen Persönlichkeitsmerkmalen assoziiert ist, die jeder von uns in unterschiedlicher Ausprägung besitzt, tauchte erst relativ spät in der Geschichte auf.

Als Geburtsstunde der modernen Kreativitätsforschung wird in allgemeiner Übereinstimmung der Vortrag des damaligen Präsidenten der American Psychological Association, Joy Paul Guilford, betrachtet, der im Jahre 1950 in der Zeitschrift *American Psychologist* publiziert wurde. Er beklagte damals, dass die Forschung das Thema Kreativität sträflich vernachlässigt habe.

Gegen Ende der Sechziger- und Anfang der Siebzigerjahre schwappte die große Kreativitätswelle - zwanzig Jahre zuvor ausgelöst durch das Referat von Guilford und dann hoch aufgetürmt durch den Sputnik-Schock - auch nach Europa und erreichte in Deutschland einen ersten Höhepunkt.

In den letzten fünfzig Jahren ist Kreativität in weiteren Wissenschaftsdisziplinen, u.a. Soziologie, Wirtschaftswissenschaften, Kulturwissenschaften, Philosophie und Pädagogik, zu einem mehr oder weniger relevanten Forschungsgegenstand geworden. Allerdings bleibt die Psychologie die Leitwissenschaft für Kreativität. Jede Disziplin hat bereits mehrere spezifische Sichtweisen hinsichtlich des Untersuchungsgegenstandes entwickelt, was ein ganzheitliches wissenschaftliches Annähern an Kreativität erschwert.[1]

Das erklärt auch das breite und vielfältige Spektrum an Definitionen in Literatur und Lexika. Im Folgenden werden einige ausgewählte Definitionen ohne Anspruch auf Vollständigkeit vorgestellt, um sich dem Begriff *Kreativität* anzunähern.

Die Etymologie des Wortes *Kreativität* leitet sich vom lateinischen *creare* – das bedeutet hervorbringen, schaffen, erschaffen, etwas neu schöpfen, etwas erfinden, etwas erzeugen, herstellen - ab. Mit ihm sind die Worte *crescere* – das bedeutet wachsen, werden und gedeihen lassen - und *vis* – das bedeutet Kraft, Stärke, Einfluss - verwandt. „Diese Bedeutungsfelder beziehen sich also nicht nur auf ein aktives Tun (creare), sondern auch auf eine innere Kraft (vis) und auf ein passives Geschehen lassen bzw. Warten können (crescere)."[2]

Laut **Gabler Wirtschaftslexikon** bezeichnet Kreativität „die Fähigkeit eines Individuums oder einer Gruppe, in phantasievoller und gestaltender Weise zu denken und zu handeln."[3]

Förster und Denzler bezeichnen Kreativität als eine Denkweise, die es ermöglicht, schwierige Aufgaben des alltäglichen Lebens anzugehen, die eine innovative Lösung erfordern und deren Lösungsweg unklar ist.[4]

Für **Carl Rogers** (1902-1987), dem amerikanischen Psychologen und Erfinder der Gesprächstherapie, ist klar, dass Kreativität nicht erzwungen, gemacht oder manipuliert werden kann. Er vergleicht Kreativität mit einem Pflanzensamen, der im Menschen von Geburt an verankert

---

[1] sinngemäß nach Vorträgen von Dr. Andreas Fink und Dr. Klaus Urban am 08.07.2014 im Rahmen der Pädagogischen Werktagung 2014 in Salzburg
[2] Brunner, A., 2008, Kreativer Denken, München, Oldenburg Wissenschaftsverlag, S. 5f
[3] Springer Gabler Verlag (Herausgeber), Gabler Wirtschaftslexikon, Stichwort: Kreativität, online im Internet: (12.08.2014), http://wirtschaftslexikon.gabler.de/Archiv/82522/kreativitaet-v7.html
[4] vgl. Förster, J., und Denzler, M., 2006, in Handbuch der Allgemeinen Psychologie – Kognition, Göttingen, Hogrefe Verlag, S.446

ist. Dieses innere Potential entfaltet sich wie von selbst, wenn es die Umstände zulassen.

Für Rogers fördern folgende Rahmenbedingungen das Gedeihen:
1. **Äußere Rahmenbedingungen**, wie vor allem psychische Sicherheit und Freiheit.
2. **Innere Rahmenbedingungen**, wie Einstellungen, Haltungen und Fähigkeiten.
   Er spricht von „inner conditions":
   - die *Offenheit* für Erfahrungen
   - eine innere Instanz für *Bewertungen* und
   - die Fähigkeit, mit Elementen und Konzepten zu *spielen*.[5]

Einen ähnlichen Ansatz vertritt **Erich Fromm** (1900-1980), Philosoph und Psychoanalytiker. Für ihn gibt es zwei Formen der Kreativität:
1. Die erste Form der Kreativität ist auf Produkte der Kunst ausgerichtet. Die Ergebnisse kann man sehen oder hören, wie z.B. eine Sinfonie, ein Gemälde oder ein Gedicht.
2. Die zweite Form der Kreativität ist eine Haltung, die auch dann existiert, wenn nichts Neues geschaffen wird. Dieser Charakterzug ist also unabhängig von der Welt der Dinge, eine Art Daseins–Form, eine Grundhaltung.

Für Fromm gilt Kreativität als Grundhaltung, da im Menschen das Potenzial angelegt ist, eine schöpferische Rolle einzunehmen.[6]

Die Ansicht von **Abraham Maslow** (1908-1970), Mitbegründer der humanistischen Psychologie, schließt ebenfalls an jene von Carl Rogers an. Für ihn dient Kreativität vor allem der Selbstverwirklichung. Sein Fokus liegt mehr auf der ganzen Person als auf einzelnen Produkten oder Leistungen. Er betrachtet sie als austauschbare Nebenprodukte

---

[5] vgl. Rogers, C., 1959, Toward a Theory of Creativity, in: Anderson, H., Creativitiy and its Cultivation, New York, Harper & Row, S. 75ff
[6] vgl. Fromm, E., 1959, The Creative Attitude, in: Anderson, H., Creativitiy and its Cultivation, New York, Harper & Row, S. 44

einer kreativen Persönlichkeit. Wichtig für die Entstehung des Kreativitätspotenzials erscheinen ihm Persönlichkeitsmerkmale wie Kühnheit, Mut, Spontanität und Selbstakzeptanz.[7]

Diese drei Ansichten haben gemeinsam, dass sie das *Individuum* in den Mittelpunkt stellen. Kreativität ist demnach ein menschliches Wesensmerkmal und eine Grundhaltung des Menschen.

In den nachfolgenden Ansätzen steht der *Nutzen* im Mittelpunkt - Kreativität als Mittel zum Zweck. Damit sollen sichtbare Ergebnisse hergestellt und neue Produkte erzeugt werden, die vor allem einen gesellschaftlichen Nutzen bieten. Dieser Ansatz ist für humanistisch orientierte Vertreter, wie zum Beispiel Erich Fromm, zweitrangig.

Simonton zum Beispiel betrachtet Kreativität in einer verallgemeinerten Form. Er bezeichnet sie als eine allgegenwärtige Erscheinung menschlicher Natur: „Hinter all den Dingen, die uns umgeben, steht eine Person, die diese Dinge kreiert hat und damit eine ganz bestimmte Absicht verfolgte."[8]

Im Gegenzug beinhaltet **Schlicksupp's** Verständnis der Kreativität konkrete Anwendungsgebiete, wie „die Fähigkeit von Menschen, Kompositionen, Produkte oder Ideen, gleich welcher Art, hervorzubringen."[9]

Schlicksupp stimmt mit **Brodbeck** überein, dass „die wesentlichen Merkmale neu sind und dem Schöpfer vorher unbekannt waren".[10] Des Weiteren beschreibt Brodbeck in seinen Ausführungen, dass sich Kreativität auf das Denken und Handeln bezieht, sowie auf „das Produkt dieses Denkens und Handelns". Für ihn ist eine Handlung bzw. ein Produkt dann kreativ, „wenn das Produkt wertvoll ist, wenn der Weg der zum Produkt führt, neuartig ist oder wenn wir auf neuartige

---

[7] vgl. Maslow, A., 1959, Creativity in Self-Actualizing People, in: Anderson, H., Creativitiy and its Cultivation, New York, Harper & Row, S. 83f
[8] Simonton in Holm-Hadulla, R., 2000, Kreativität, Berlin Heidelberg, Springer-Verlag, S. 284
[9] Schlicksupp, H., 1999, Innovation, Kreativität und Ideenfindung, Würzburg, Vogel Business Media, S.32
[10] Schlicksupp, H., 1999, Innovation, Kreativität und Ideenfindung, Würzburg, Vogel Business Media, S.32

Weise wahrnehmen, fühlen, erkennen oder denken".[11] Seiner Auffassung nach sollte die Frage, unter welchen Bedingungen Kreativität entstehen kann, im Fokus stehen. Kreativität ist für ihn einschränkbar, allerdings ist es stets vom Subjekt abhängig, ob oder was Kreativität einschränkt.[12]

Gardners Definition stimmt mit Schlicksupp und Brodbeck hinsichtlich der Neuschaffung eines Produkts überein. Er führt des Weiteren an, dass der kreative Mensch Probleme löst, Objekte gestaltet oder neue Fragen auf bestimmten Gebieten definiert. Dieses Verhalten wird mehr oder weniger regelmäßig und auf eine Art und Weise, die anfangs als neuartig betrachtet wird, ausgeführt. Und zwar so lange, bis sie sich in einem bestimmten kulturellen Umfeld allgemein durchgesetzt hat.[13]

Die Definitionen von Gardner, Schlicksupp und Brodbeck geben dem Kriterium *Neuheit* eine besondere Bedeutung und fügen ein hinreichendes Kriterium hinzu, nämlich, dass das kreative Produkt auch nützlich und wertvoll sein muss.

Die meisten Auffassungen lassen sich einer von drei Kategorien zuordnen. Im Mittelpunkt des jeweiligen Begriffsverständnisses steht entweder:
1. das ***Individuum*** mit seinen kreativitätsrelevanten Fähigkeiten
2. der ideengenerierende ***Prozess***
3. das kreative ***Produkt***

Siehe nachfolgende Abbildung von Stephan Sonnenburg, die eine Definitionstypologie von Kreativität darstellt.[14] Sie dient als Orientierung für die Darstellung zum aktuellen Stand der Kreativitätsforschung und zeigt die begriffliche Bandbreite auf.

---

[11] Brodbeck, K.H., 1995, Entscheidung zur Kreativität, Darmstadt, Wissenschaftliche Buchgesellschaft, S.30
[12] Brodbeck, K.H., in Haertel, T., 2009 Universitäten am Scheideweg, Bielefeld, Universitäts- Verlag Webler
[13] Gardner, H., 1999, Kreative Intelligenz, Frankfurt/New York, Campus Verlag, S. 55f
[14] Sonnenburg, S., 2007, Kooperative Kreativität, Wiesbaden, Deutscher Universitätsverlag, S. 6f

Fähigkeit	Prozess	Produkt
„Creativity from a Western perspective can be defined as the ability to produce work that is novel and appropriate." *Lubart* (1999a), S. 339	„Kreativität ist eine besondere Form des problemlösenden Verhaltens, zu dem alle Menschen, wenn auch in unterschiedlichem Maße und auf unterschiedlicher Weise, fähig sind." *Wermke* (1989), S. 36	"Kreativität ist jede Handlung, Idee oder Sache, die eine bestehende Domäne in eine neue verwandelt." *Csikszentmihalyi* (2001a), S. 48
"Creativity is an ability to respond adaptively to the needs for new approaches and new products." *Barron* (1988), S. 80	„Creativity is a process of developing and expressing novel ideas that are likely to be useful." *Leonard/Swap* (1999), S. 6	„Creativity can be regarded as the quality of products or responses judged to be creative by appropriate observers." *Amabile* (1996), S. 33
"Creativity is the capacity of a person to produce compositions, products or ideas of any sort which are essentially new or novel and previously unknown to the producer." *Drevdahl* (1956), S. 22	"Kreativität ist der Denkprozess, der uns hilft, Ideen hervorzubringen." *Majaro* (1993), S. 6	"Creativity is the complex product of a person's behavior in a given situation." *Woodman/Schoenfeldt*(1989), S. 89
Kreativität ist „die Fähigkeit des Menschen, Probleme unterschiedlichster Art auf bisher nicht bekannte oder zumindest nicht übliche Weise zu lösen." *Nütten/Sauermann* (1988), S. 81	„The process of idea generation is creativity." *Cumming* (1998), S. 22	„Wenn wir uns über den Begriff der Kreativität innerhalb einer empirischen Wissenschaft verständigen wollen, werden wir bei der sichtbaren oder erfahrbaren Idee als Ansatzpunkt anfangen müssen." *Preiser* (1986), S.2

Tabelle 1: Definitionstypologie der Kreativität von Stephan Sonnenburg

Klaus Urban beschreibt die Vielschichtigkeit und somit die Komplexität. Er schreibt: „Es gibt nicht nur die eine Definition von Kreativität oder nur das eine Modell der Kreativität. Es gibt verschiede Konzeptionen von Kreativität - eine eher kognitions- oder eher persönlichkeitsorientierte Konzeption. Und es gibt verschiedenste Sichtweisen: eine assoziationstheoretische oder eine psychoanalytische Sicht, eine humanistische, systemische oder gestaltpsychologische Sicht, eine chaostheoretisch oder quantenphysikalisch bestimmte Sicht, usw."[15]

---

[15] vgl. Urban, K., 2004, Kreativität: Herausforderung für Schule, Wissenschaft und Gesellschaft, Münster, LitVerlag Münster, S. 71

Das Komponentenmodell der Kreativität von Teresa Amabile

Seit den 1980er Jahren hat Teresa Amabile, Wissenschaftlerin an der Harvard University, in zahlreichen Studien sozialpsychologische Kreativitätsfaktoren untersucht und hat mit ihrem Komponentenmodell einen komplexen Ansatz zur Erklärung der individuellen Kreativität entwickelt.[16]

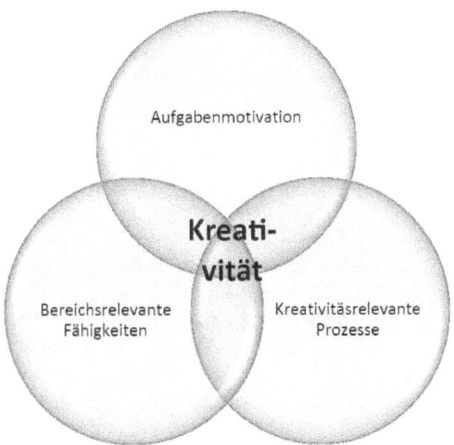

Abbildung 1: Komponentenmodell nach Teresa Amabile

Die Grundannahme des Komponentenmodells ist, dass der Mix der drei Komponenten: *bereichsrelevante Fähigkeiten*, *kreativitätsrelevante Prozesse* und *Aufgabenmotivation* mehr oder weniger miteinander verbunden sind, wobei die Höhe des Niveaus der einzelnen Komponenten die Stärke der Verknüpfung beeinflusst und somit die Qualität des Ergebnisses bestimmt (siehe *Abbildung 5: Der kreative Problemlösungsprozess nach Amabile*).

---

[16] vgl. Sonnenburg, S., 2007, Kooperative Kreativität, Wiesbaden, Deutscher Universitäts-Verlag, S. 38

Die folgende Tabelle verdeutlicht die Komponenten aus *Abbildung 1: Komponentenmodell nach Teresa Amabile*[17]:

Bereichsrelevante Fähigkeiten	Kreativitätsrelevante Prozesse	Aufgabenmotivation
• bereichsspezifisches Wissen • technische Fertigkeiten • bereichsspezifisches Talent *Ist abhängig von:* • kognitiven Fähigkeiten • motorischen Fähigkeiten • formeller und informeller Bildung	• ein angemessener kognitiver Stil • impliziertes oder expliziertes Wissen über Heuristiken, die Generierung neuer Ideen ermöglichen • ein förderlicher Arbeitsstil *Ist abhängig von:* • Übung • Erfahrung in der Ideengenerierung • Persönlichkeitseigenschaften	• Grundeinstellung zur Aufgabe • Wahrnehmung der eigenen Motivation, die Aufgabe zu bearbeiten und zu lösen *Ist abhängig von:* • dem Ausgangsniveau der intrinsischen Motivation • der An-bzw. Abwesenheit bedeutsamer Zwänge im sozialen Umfeld • der individuellen Fähigkeit äußere Zwänge zu minimieren

Tabelle 2: Komponenten der kreativen Leistung nach Amabile

Bereichsrelevante Fähigkeiten beeinflussen das Ausmaß möglicher Reaktionen und dienen als Basis für die Verknüpfung und Beurteilung neuer Reaktionen. Diese Fähigkeiten legen fest, wie groß der Pool an kognitivem Wissen ist, dessen Inhalt zur Problemlösung beitragen kann. Je größer der Pool an bereichsrelevanten Fähigkeiten einer Person ist, umso mehr Alternativen stehen ihr für die neue Lösungsfindung zur Verfügung.

---

[17] Amabile, T.M., 1996, Creativity in context. Update to The social psychology of creativity. Boulder, Col: Westview Press, S. 84

Kreativitätsrelevante Prozesse haben Einfluss auf die Qualität der Problemlösung. Zu diesen Prozessen zählen:

1. *Ein angemessener kognitiver Stil*, gekennzeichnet durch:
    - das Verstehen komplexer Sachverhalte (kognitive Komplexität)
    - die Fähigkeit Lösungsmuster aufzubrechen (Aufbrechen von Wahrnehmungsfixierung und kognitiven Fixierungen)
    - das Offenhalten von Antwortmöglichkeiten

2. *Das Wissen um Heuristiken* (vom griechischen *heurískein*, das bedeutet finden). Laut **Gabler Wirtschaftslexikon** versteht man unter Heuristik: „*Vorgehensweise zur Lösung von allgemeinen Problemen*, für die keine eindeutigen Lösungsstrategien bekannt sind […]; beinhaltet in erster Linie „Daumenregeln" auf der Grundlage subjektiver Erfahrungen und überlieferter Verhaltensweisen. Heuristik wird v.a. in schlecht strukturierten und schwer überschaubaren Problembereichen angewendet."[18]

Heuristiken können sowohl auf bewusster als auch auf unbewusster Ebene zum Einsatz kommen. Ihr Einsatz führt zu einer Auflösung der Problemfixierung und dies wiederum zur Verkürzung des Problemprozesses. Heuristiken zur Generierung von Ideen sind u.a.:
    - die wechselseitige Assoziation
    - die Übertragung von Analogien
    - die Kombination
    - die Variation
    - die Abstraktion eines Sachverhaltes
    - die systemische Zerlegung von Strukturen[19]

3. *Ein förderlicher Arbeitsstil*, der folgende Fähigkeiten beinhaltet:
    - langfristige Aufmerksamkeitskonzentration und Anstrengungsbereitschaft
    - die Fähigkeit, sich auf produktive Suchstrategien zu fokussieren
    - Ausdauer/Durchhaltevermögen in schwierigen Phasen
    - ein hohes Energiepotenzial

---

[18] http://wirtschaftslexikon.gabler.de/Definition/heuristik.html, 09.09.2014 um 17:51h
[19] Schlicksupp, H., 2004, Ideenfindung, Würzburg, Vogel Business Media GmbH & Co. KG, S. 58

Persönlichkeitseigenschaften wie Risikobereitschaft, Fehlertoleranz, Frustrations- und Ambiguitätstoleranz beeinflussen nach Amabile die drei kreativitätsrelevanten Prozesse (siehe Kapitel *Kreativer Prozess nach Teresa Amabile*, S. 39). Das Einüben von Kreativitätstechniken fördert einen Teil dieser Prozesse nach Amabile, da sie die kognitive Flexibilität und intellektuelle Unabhängigkeit verbessern.

Aufgabenmotivation: „Der von Arthur Koestler (1964), Carl Rogers (1954) und Richard Crutchfield (1962) als wesentliche Komponente kreativen Schaffens hervorgehobenen Aspekt „Freiheit von externalen Zwängen" veranlasste Amabile (1983), das Konzept *Aufgabenmotivation* in ihr Modell mit aufzunehmen."[20]

Bereichsrelevante Fähigkeitskomponenten und *kreativitätsrelevante Prozesse* tragen maßgeblich dazu bei, eine Person in die Lage zu versetzen, Leistung zu vollbringen. Die *Aufgabenmotivation* bestimmt jedoch, was diese Person letztendlich tun wird. Motivation ist entweder *intrinsisch* (angetrieben durch tiefes Interesse und Beteiligung an der Arbeit, Neugier, Spaß oder ein persönliches Gefühl der Herausforderung) oder *extrinsisch* (angetrieben durch den Wunsch der Zielerreichung, Belohnung zu erhalten, Termineinhaltung oder einen Wettbewerb zu gewinnen).

In zahlreichen Studien wurde belegt, dass eine vor allem intrinsische Motivation für Kreativität förderlicher ist als eine primär extrinsische Motivation. Z.B. macht die Aufgabenmotivation den Unterschied zwischen dem, was ein Ingenieur kann und was er tun wird. Ersteres hängt von seinem Maß an Fachwissen und kreativem Denken ab, aber es ist seine Aufgabenmotivation, die das Ausmaß bestimmt, inwieweit er seine Expertise und kreatives Denken im Dienste der kreativen Leistung engagiert.

Die Theorie besagt, dass Kreativität am Wahrscheinlichsten auftritt, wenn sich persönliche Fähigkeiten mit ihren stärksten intrinsischen Interessen (tiefste Leidenschaften) überlappen und dass die Kreativität

---

[20] Giesler, M., 2003, Kreativität und organisationales Klima, Münster, Waxmann Verlag, S. 72

umso höher wird, je höher das Level jeder einzelnen der drei Komponenten ist.[21]

2.1.2 In welchen Bereichen ist Kreativität notwendig?

Ingeborg Nütten[22] unterscheidet zwischen den Formen der *ästhetischen Kreativität*, die den Künsten vorbehalten ist und der *problemlösenden Kreativität*, die ihr Tätigkeitsfeld in der Wirtschaft findet. Sie wird dort als Strategie zur erfolgreichen Umweltbewältigung durch Problemlösungen eingesetzt. In der nachfolgenden Grafik wird dies bildlich veranschaulicht:

---

[21] vgl. Amabile, T.M., 1997, Motivating Creativity in Organizations, California Management Review Vol 40, S.42 ff
[22] vgl. Nütten, I., in Backerra, H., Malorny, C., Schwarz, W., 2007, Kreativitätstechniken - Kreative Prozesse anstoßen, München, Carl Hanser Verlag, S. 10

22 Theoretische Grundlagen

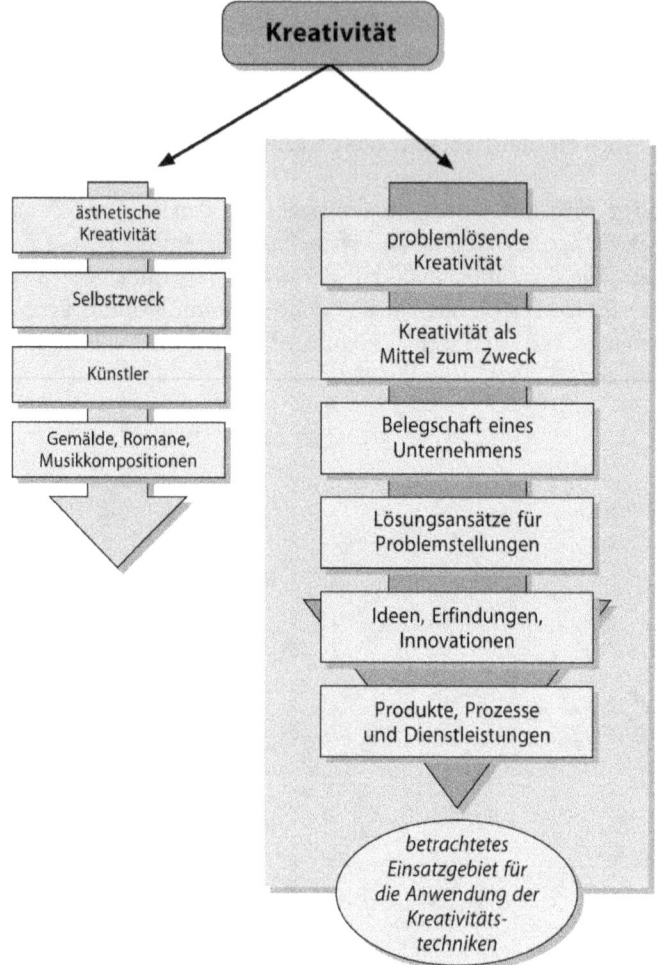

Abbildung 2: Zwei Formen der Kreativität

Nach **Ward** et al. ist Kreativität im alltäglichen Leben notwendig ohne konkrete Anwendungsbeispiele zu nennen. Jeder Mensch muss seiner Meinung nach über ein gewisses Maß an Kreativität verfügen, um in den heutigen Gesellschaften erfolgreich Fuß fassen zu können.[23]

---

[23] Ward in Fanselow, C., 2004, Kreativität – Ein Überblick, Studienarbeit, Matr. Nr. 127049, S. 20

Im Gegensatz dazu weißt **Schumpeter**[24] auf den Zweck der Kreativität im Unternehmen hin und führt an, dass die Tätigkeit des schöpferischen Individuums im Unternehmen, darin besteht, dass es:
1. neue Waren herstellt
2. neue Produktionsmethoden einführt
3. neue Märkte eröffnet
4. neue Rohstoffquellen erschließt
5. seinen Betrieb neu organisiert

Kreativität ist laut Schlicksupp der Ursprung jener Eigenschaft des Menschen, die zu Innovationen führt.

Unter Innovation ist laut Gabler Wirtschaftslexikon allgemein die Bezeichnung in den Wirtschaftswissenschaften für die mit technischem, sozialem und wirtschaftlichem Wandel einhergehenden (komplexen) Neuerungen zu verstehen.[25]

Der US-Ökonom **Richard Florida**[26] von der University of Toronto Kanada beschreibt Kreativität als wichtigste Ressource der Menschheit. „Es ist ein Schatz, der heute wertvoller ist als je zuvor: Waren früher vor allem die Rohstoffe der Natur und die psychische Arbeitskraft bedeutsam, so wird die Wirtschaft der Zukunft vornehmlich auf neue Ideen anwiesen sein."

Auch die Referenzen von Anbietern für Kreativitäts-Trainings[27] geben Aufschluss darüber, in welchen Wirtschaftszweigen Kreativität gegenwärtig von Bedeutung ist. Daraus lässt sich schließen, dass die Anwendung aus den Erkenntnissen von Florida in diesen Bereichen Fuß gefasst hat:
- Lebensmittelkonzerne
- Banken
- Beförderungsunternehmen
- Handels-Konzerne
- Auto-, Technologie- und Elektronikhersteller

---

[24] vgl. Kramer, R., 1985, Der Unternehmer und sein Gewinn, Berlin, Duncker und Humblot, S. 24
[25] Gabler Wirtschaftslexikon, http://wirtschaftslexikon.gabler.de/Definition/innovation.html, 15.08.2014
[26] Florida, R. (Hrsg.), 25.08.2011, in: GEOkompakt - Die Grundlage des Wissens: Intelligenz, Begabung, Kreativität Nr. 28, S. 121
[27] http://www.ideeologen.de/die-ideeologen/referenzen.html, 09.08.2014

- Pharmaunternehmen
- Medienunternehmen
- Versicherungskonzerne
- Tourismuskonzerne
- Softwareunternehmen
- Unterhaltungsbranche
- Energieanbieter
- Werbebranche

2.1.3 Zusammenfassende Betrachtung

Die Schlussfolgerung des Autors: Das Phänomen der menschlichen Kreativität ist sehr vielschichtig und komplex. Dies ist daraus abzuleiten, dass es aus unterschiedlichen wissenschaftlichen Blickwinkeln und Erkenntnisinteressen betrachtet und untersucht wird. Diese Vielschichtigkeit trägt maßgeblich dazu bei, dass sich bis heute keine generelle Definition herausgebildet hat und dies dadurch auch kaum zu erreichen sein wird.

Ein gemeinsamer Konsens konnte in dem Wortsinn von Kreativität gefunden werden: die „Schaffung von etwas Neuem und Nützlichem". Darüber hinaus gibt es je nach Sichtweise und Anwendungsbereich unterschiedliche Definitionen, in denen entweder das Individuum und seine kreativitätsrelevanten Fähigkeiten, der kreative Prozess oder das kreative Produkt im Mittelpunkt stehen.

Begriffsdefinition für die vorliegende Arbeit

In der vorliegenden Arbeit bezieht sich der Begriff Kreativität u.a. auf Fromm und Rogers (s. S. 12f) und wird wie folgt definiert: Kreativität ist ein menschliches Wesensmerkmal, eine Grundhaltung des Menschen die auf bestimmten geistigen Fähigkeiten, Denkstilen und Persönlichkeitsmerkmalen basiert. Das kreative Potenzial ist im Menschen angelegt. Um es zur Entfaltung zu bringen, benötigt es äußere und innere Rahmenbedingungen.

Im Mittelpunkt des Begriffsverständnisses steht in der vorliegenden Arbeit *das Individuum mit seinen kreativitätsrelevanten Fähigkeiten und der ideengenerierende Prozess,* welcher den Menschen befähigt, Probleme unterschiedlichster Art auf bisher nicht bekannte oder zumindest nicht übliche Weise zu lösen (s. S. 16, Nütten/Sauermann).

Außerdem beschränkt sich diese Arbeit auf die *problemlösende Kreativität* nach Nütten (s. S. 21, Nütten). Kreativität dient hier als Mittel zum Zweck, um Lösungsansätze für Aufgaben und Problemstellungen zu entwickeln. Die Ergebnisse, die daraus resultieren, sind Ideen, Erfindungen, Produkte und Prozesse, die es in dieser Form noch nicht gab. Ein Tätigkeitsfeld der problemlösenden Kreativität liegt in der Wirtschaft und ist somit ein Teil des Einsatzgebietes für Kreativitäts-Trainings.

Die Definition für die vorliegende Arbeit grenzt sich von der ästhetischen Kreativität ab, die dem reinen Selbstzweck dient und den Künstlern vorbehalten ist, um Gemälde, Romane, Musikkompositionen zu kreieren.

2.2 Zusammenhang von Persönlichkeit und Kreativität

Im vorangegangenen Kapitel wurde u.a. angeführt, dass es Fachwissen, teilweise fachgebietsübergreifendes Wissen, kognitive Fähigkeiten und zum Teil Persönlichkeitseigenschaften sowie Motivation erfordert, um Probleme in Angriff zu nehmen und akzeptable, kreative Lösungen zu finden. In diesem Kapitel geht es darum, einen zusammenfassenden Überblick der wichtigsten und empirisch häufig bestätigten Merkmale kreativer Individuen aufzuzeigen.

Die kreative Persönlichkeit beschreibt Attribute, Verhaltensmuster und Denkprofile einer Person, welche vermehrt bei kreativen Individuen beobachtbar sind.

Die Merkmale eines Individuums, die für kreative Leistungsfähigkeit als wesentlich angesehen sind, werden in drei Gruppen eingeteilt: *Kognitionsfähigkeit, Motivationsfaktoren und Persönlichkeitseigenschaften.*[28]

2.2.1 Kognitive Fähigkeiten

Die in der Kreativitätsforschung üblicherweise analysierten kognitiven Merkmale sind *konvergente* und *divergente* Denkfähigkeiten, Denkstile und -strategien, kognitive Einstellungen sowie bildhaftes Vorstellungsvermögen[29]

Voraussetzung, um neue Ideen zu generieren, sind spezielle Denk- und Informationsverarbeitungsprozesse. In Verbindung mit Kreativität spielt das **divergente Denken** eine wesentliche Rolle. „Es kennzeichnet sich durch eine offene, unsystematische und spielerische Herangehensweise an Probleme, bei der ausgehend von der bestehenden Wissensbasis in unterschiedliche Richtungen nach verschiedenen Lösungsansätzen gesucht wird. Kritische Einwände und Widersprüche werden dabei vorerst ausgeschaltet, also zunächst hingenommen." Kognitive Fähigkeiten, wie geistige Flexibilität (gewohnte Wege des Denkens verlassen), Originalität im Denken, die Fähigkeit Dinge auf ungewöhnliche Art und Weise zu betrachten, Assoziationsfähigkeit, Fähigkeit, Widersprüche zu ertragen, Konzentrationsfähigkeit, Flüssigkeit in der Ideengeneration (in kurzer Zeit viele Ideen hervorbringen, z.B. verbal, assoziativ, ideenbezogen) sind notwendige Fähigkeiten für Kreativität. Divergentes Denken kann somit als Basis für Kreativität dargestellt werden, da durch diese Fähigkeit neue Ideen generiert, Probleme gelöst und eine Variantenvielfalt erzeugt werden kann. Divergent sind Prozesse, die auseinanderlaufen, wohingegen konvergente Prozesse auf einen Punkt hin fokussiert sind.[30]

Um aus einem Pool von verschiedensten Lösungsmöglichkeiten die vielversprechendste zu identifizieren benötigt das kreative Individuum vor allem **konvergentes Denken**. Damit verbundene Fähigkeiten, wie

---

[28] vgl. Sonnenburg, S., 2007, Kooperative Kreativität, Wiesbaden, Deutscher Universitätsverlag, S. 18f
[29] Giesler, M., 2003, Kreativität und organisationales Klima, Münster, Waxmann Verlag, S.81
[30] Funke, J., 2008, Kreativitätstechniken, in: Nünning, V. (Hrsg.), Schlüsselkompetenzen: Qualifikationen für Beruf und Studium, Stuttgart, Verlag J.B. Metzler, S. 209

logisches, planvolles Denken und streng rationales Vorgehen, unterstützen das Individuum, um zu bewerten und eine Auswahl treffen zu können.[31] „Das konvergente Denken zielt in eine einzige Richtung, man sucht eine herkömmlich (richtige) Antwort oder schöpft eine einzige Lösung eines Problems."[32]

Für die Entwicklung neuer Ideen hat sich das **bildhafte Vorstellungsvermögen** als besonders wichtig herausgestellt. Auf sprachlicher Ebene zeigt sich das in Form der Metaphernbildung.

Am Beginn des kreativen Prozesses ist vor allem Problemsensibilität erforderlich, d.h. die Fähigkeit, die richtigen Fragen zu stellen und Normen zu hinterfragen, aber auch sensibel gegenüber Unstimmigkeiten zu sein oder eine kritische Haltung gegenüber seiner Umwelt einzunehmen.[33]

Eine weitere wesentliche Rolle in der Problemlösungsgenerierung spielt das verfügbare Wissen. Insbesondere ist dafür das **aufgabenbezogene Fachwissen** relevant. Dieses aufgabenbezogenen Fachwissen ist vergleichbar mit einem Baukasten, der die benötigten Details liefert, aus denen neue Ideen abgeleitet werden können. Dies birgt jedoch bei kritischer Betrachtung die Gefahr in sich, dass zu stark ausgeprägtes Fachwissen zu einer gedanklichen Fixierung auf bestimmte Lösungswege führt und sich dies wiederum hinderlich auf die Kreativität auswirkt.

Neben dem fachbezogenen Wissen ist auch noch das kreativitätsbezogene Wissen relevant. „Dieses umfasst ein **fächerübergreifendes Meta-Wissen über Kreativität** im Sinne eines Bewusstseins hinsichtlich kreativitätsfördernder Denkweisen, Problemlösungsheuristiken, sowie Kreativitätstechniken und wächst mit zunehmender Erfahrung einer Person mit kreativen Aufgabenstellungen oder durch gezielte In-

---

[31] vgl. Gaier, C., 2011, Management kreativer Prozesse, Wiesbaden, Gabler Verlag/Springer Fachmedien, S. 8f
[32] Guilford in Giesler, M., 2003, Kreativität und organisationales Klima, Münster, Waxmann Verlag, S. 81
[33] vgl. Sonnenburg, S., 2007, Kooperative Kreativität, Wiesbaden, Deutscher Universitätsverlag, S. 20f

vestitionen in die Erhöhung des eigenen kreativen Potentials über Weiterbildung im Bereich der Kreativität (Seminare, Trainings, Selbststudium, etc.)."[34]

2.2.2 Motivationsfaktoren

Damit sich ein Individuum mit komplexen Aufgabenstellungen auseinandersetzt, ist es wesentlich, dass aus dem „Können" ein „Wollen" wird. Um dieses Wollen zu bewirken, bedarf es der Motivation, die die Entfaltung des kreativen Potenzials bewirkt.

Es wird zwischen zwei Arten von Motivation unterschieden:
Intrinsische Motivation (Neugierde, Faszination der Aufgabenstellung) und *extrinsische Motivation* (Geldverdienen, Anerkennung, Belohnung, Selbst- und Fremdbeweisen). Die Forschung geht davon aus, dass in den meisten Fällen intrinsische und extrinsische Motive konfluieren, damit ein kreatives Produkt entstehen kann.[35] Mehr zum Thema Aufgabenmotivation siehe Seite 20.

2.2.3 Persönlichkeitseigenschaften

Es wurden unzählige Eigenschaften kreativer Persönlichkeiten untersucht, allein **Preiser** stellte bereits 1976 mehr als 200 Verhaltens- und Persönlichkeitsmerkmale fest.[36] Es gibt also nicht nur das eine Persönlichkeitsmerkmal, das eine kreative Person ausmacht, sondern es sind viele Einzelmerkmale aus denen sie sich zusammensetzt. **Sonnenburg** stellt Eigenschaften vor, die sich in Längsschnittstudien temporal als überaus stabil erwiesen haben und über die innerhalb der psychologischen Kreativitätsforschung weitgehend Einigkeit besteht.

---

[34] vgl. Gaier, C., 2011, Management kreativer Prozesse, Wiesbaden, Gabler Verlag/Springer Fachmedien, S. 10
[35] vgl. Sonnenburg, S., 2007, Kooperative Kreativität, Wiesbaden, Deutscher Universitätsverlag, S. 23
[36] vgl. Preiser, S., in Sonnenburg, S., 2007, Kooperative Kreativität, Wiesbaden, Deutscher Universitätsverlag, S.21

Die Merkmale lassen sich in sechs Metaeigenschaften zusammenfassen:

Sechs Metaeigenschaften kreativer Persönlichkeiten[37]
1. **Ich-Stärke** (Selbstvertrauen, Selbstakzeptanz und Offenheit gegenüber neuen Erfahrungen); Auswirkung: Risikobereitschaft mit gesundem Maß an Angst
2. **Konflikt- und Frustrationstoleranz**; Auswirkung: erleichtert den Umgang mit psychischen und sozialen Dissonanzen sowie Barrieren und Sanktionen
3. **hohes Energiepotenzial** (Durchhaltevermögen, Genügsamkeit, Selbstdisziplin, Vitalität, Spontanität, Impulsivität, Ehrgeiz und Durchsetzungsvermögen)
4. **Sensibilität** (Einfühlungsvermögen, Sinnesempfindlichkeit, kindliche Naivität)
5. **Interesse für Komplexität** (Gründlichkeit, Vermeidung von Simplifizierungen, Toleranz gegenüber Mehrdeutigkeit, Reflexionsfähigkeit, Intuition, Geduld und Selbstkritik); Auswirkung: stellt sich schwierigen Situationen und Aufgaben
6. **Drang nach Unabhängigkeit**; Auswirkung: verhält sich non-konform und unkonventionell in Bezug auf gesellschaftliche Erwartungen

Auch **Waschull & Kernis** erwähnen, konform mit **Sonnenburg**, das Selbstvertrauen als einer der Schlüsselfaktoren der Kreativität und sehen dieses als wesentlichen Bestandteil dafür an[38]: „Einerseits braucht das Individuum bestimmte Fertigkeiten und Fähigkeiten um kreativ zu sein, andererseits ist ein solides Selbstwertgefühl und Selbstvertrauen dafür unabdingbar. Dadurch erhält das Individuum Vertrauen in seine eigenen Gefühle und Gedanken, verrichtet es Aktivitäten aus einer natürlichen Neugier und Motivation heraus. Dies wiederum verursacht eine Selbstwirksamkeit, in deren „Fluss" von Motivation und Selbstvertrauen der „zündende Funke" überspringen kann.

---

[37] vgl. Sonnenburg, S., 2007, Kooperative Kreativität, Wiesbaden, Deutscher Universitätsverlag, S. 22
[38] Waschull, S.D., Kernis, M.H., 1996, Level and stability of self-esteem as predictors of children's intrinsic motivation and reasons for anger, aus: http://www.innosupport.net/index.php?id=2100&L=1, 09.08.2014

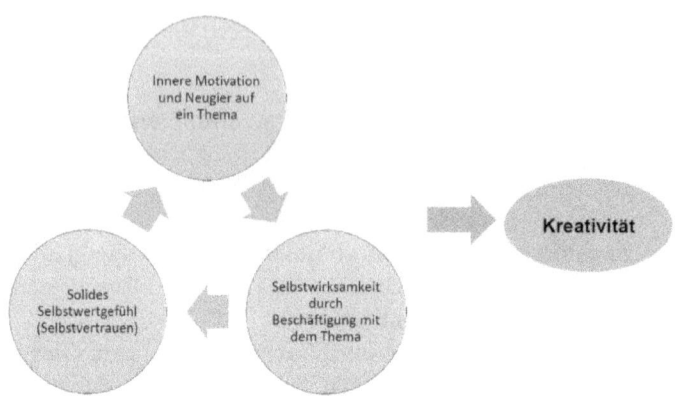

Abbildung 3: Notwendige persönliche Faktoren für Kreativität

Nach Waschull & Kernis ist ein solides Selbstvertrauen die Grundlage jeglicher Kreativität, da Menschen mit gesundem Selbstvertrauen weniger auf Mechanismen der Selbstverteidigung zurückgreifen müssen. Ihr Selbstvertrauen gibt ihnen die Sicherheit, von ihren eigenen Ideen zu sprechen. Sie sind geistig frei und können daher die Grenzen ihres Selbst und der existierenden Regeln und Gewohnheiten leichter überschreiten. Hier liegt nach Waschull & Kernis auch der Grund, warum es selbstsicheren Individuen leichter fällt, zu neuen Problemlösungen zu gelangen.

Nach einer Untersuchung von **Gardner** zeichnet sich die kreative Persönlichkeit im Wesentlichen durch drei Schlüsselelemente aus: *Reflektieren, Stärken einsetzen und Erfahrungen sinnvoll bewältigen*. Mit den Elementen *Stärken einsetzen* und *Erfahrungen sinnvoll bewältigen* stimmt Gardner mit Sonnenburg und Waschull & Kernis überein. Die Komponente *Reflektieren*, wird von Gardner als neues Merkmal hinzugefügt.

Theoretische Grundlagen 31

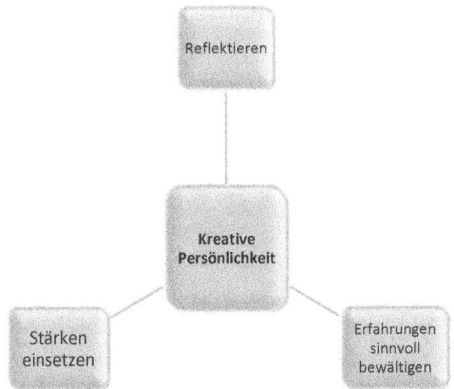

Abbildung 4: Drei Schlüsselelemente außergewöhnlicher Kreativität

Das erste Schlüsselelement, *die Reflektion*, befähigt, die Ereignisse des täglichen Lebens regelmäßig aus der Metaebene zu betrachten und sie dabei zu überdenken. Neben der Reflektion der eigenen Arbeit spielt auch die Reaktion des potentiellen Publikums auf die eigene Erfindung/Entdeckung eine wesentliche Rolle. „Wichtig ist, sich um eine Rückmeldung auf die eigene Arbeit zu bemühen und anderen zuhören zu können. Aber man sollte sich davon auch nicht überwältigen lassen".

Das zweite Schlüsselelement, die *eigenen Stärken auszuspielen*, bedeutet, sich seiner eigenen Talente bewusst zu sein und sie sinnvoll einzusetzen. Was den außergewöhnlich kreativen Menschen von anderen unterscheidet, „ist das Ausmaß, in dem es ihnen gelingt, ihre Ungewöhnlichkeit zu erkennen und für sich zu nutzen".

Das dritte Schlüsselelement, *Erfahrungen sinnvoll zu bewältigen*, bedeutet, jede Art von Erfahrungen zu interpretieren und auf positive Weise zu verarbeiten. Das führt dazu, dass kreative Menschen auch in Rückschlägen eine Chance sehen, sich weiterzuentwickeln. Niederlagen und Krisen werden als Herausforderungen angesehen und bieten die Möglichkeit, in der Zukunft besser zu agieren. Die Frustrationstoleranz kreativer Menschen impliziert die Bereitschaft des permanenten Lernens,

„so dass man die richtigen Lehren daraus zieht, um dann mit frischer Energie voranzuschreiten".[39]

2.2.4 Zusammenfassende Betrachtung

In diesem Kapitel ging es um die Auseinandersetzung von Merkmalen kreativer Individuen, zu denen die Kognitionsfähigkeiten, Persönlichkeitseigenschaften und Motivationsfaktoren zählen.

Anzumerken ist, dass die gesammelten Indikatoren nicht alle eine einzelne kreative Person charakterisieren und keinesfalls als Checkliste zu verstehen sind, die angewendet werden kann, um das Kreativitätspotenzial zu bestimmen. Die menschliche Persönlichkeit ist viel zu komplex, um derart analysiert werden zu können. „Es gibt nicht die idealtypische Konstellation oder den Einheitstyp eines kreativen Menschen."[40] Jedoch ist davon auszugehen, dass kreative Menschen über eine höhere Anzahl der beschriebenen Persönlichkeitsmerkmale verfügen als weniger kreative Personen.

2.3 Ansätze zum Zusammenhang von Team und Kreativität

Wie bereits in den vorangegangenen Kapiteln ersichtlich wurde, ist das Phänomen der menschlichen Kreativität vielschichtig. Die Kreativitätsforschung stellte seit 1950 ausschließlich das kreative Individuum in den Mittelpunkt seiner Untersuchungen. Erst seit den 1990er-Jahren kristallisierten sich neue Forschungsschwerpunkte heraus, die allerdings erst am Anfang wissenschaftlicher Betrachtung standen, „die Gruppen- und Teamkreativität".

In diesem Kapitel geht es darum, die Kreativität in Gruppen zu beleuchten, was den Vorteil einer Gruppe ausmacht, wie die Gruppe beschaffen sein muss, was die Parameter und Rahmenbedingungen sind, um in der Gruppe kreativ zu sein.

---

[39] vgl. Gardner, H., 1999, Kreative Intelligenz, Frankfurt/New York, Campus Verlag, S. 177ff
[40] Sonnenburg, S., 2007, Kooperative Kreativität, Wiesbaden, Deutscher Universitätsverlag, S. 24f

In den letzten Jahren wurden erste theoretische Ansätze entwickelt, um Gruppenkreativität besser beobachten zu können, u.a. zählt dazu *das Beiträgekombinationsmodell* von Nijstad und Paulus, das in diesem Kapitel vorgestellt wird. Dieses Modell stellt dar, wie sich Gruppenheterogenität, Hindernisse bei der Realisierung des Gruppenpotenzials, Gruppenklima und Gruppenumwelt in einem Bezugssystem auf die Gruppenkreativität auswirken. Abschließend wird eine Studie der Universität Amsterdam vorgestellt, die Kreativprozesse unter Anwendung der Kreativitätstechnik Brainstorming im Team im Vergleich zu einer einzelnen Person untersucht.

2.3.1 Das Beiträgekombinationsmodell

In ihrer 2003 publizierten Aufsatzsammlung „Group Creativity: Innovation through Collaboration"[41] stellen Nijstad und Paulus einen Theorieansatz zur besseren Gruppenkreativität vor. In Ihrer Publikation werden dabei vier Handlungsfelder thematisiert: *Gruppenheterogenität, Hindernisse bei der Realisierung des kreativen Gruppenpotenzial, Gruppenklima und Gruppenumwelt.*

Gruppenheterogenität
In ihrem Modell gehen sie davon aus, dass der Grad der Gruppenheterogenität vorwiegend entscheidend für das kreative Potenzial einer Gruppe ist, vor allem wenn es um die Entfaltung von Kreativität und die gemeinsame Problemlösung geht. Im Vergleich zu homogenen Gruppen, in denen sich die Wissensbasis unverhältnismäßig stark überschneidet, sind in heterogenen Gruppen ein umfassenderes Wissen und unterschiedliche Fähigkeiten, die miteinander kombiniert werden können, dafür ausschlaggebend. Weiters führen Nijstad und Paulus an, dass nicht jede Form der Heterogenität für Gruppenaktivitäten zwingend förderlich ist. Förderliche Gruppenaktivität scheint abhängig zu sein von der Führung, dem Klima und der jeweiligen Gruppenumwelt. Hemmend können Unterschiede wirken, die für die Gruppe so-

---

[41] Nijstad, B.A., Paulus, P.B., 2003, Group Creativity: Common Themes and Future Directions, in Nijstad, B., Paulus, P, Group Creativity: Innovation through Collaboration, New York, Oxford University Press, S. 326 - 339

fort ersichtlich sind, wie z.B. Sprache, Alter oder Geschlecht. Förderlich wirken stattdessen Eigenschaften wie Bildung, Werte oder Persönlichkeit.

Hindernisse bei der Realisierung des kreativen Gruppenpotenzials
Treten im Verlauf des Problemlösungsprozesses Hindernisse auf, hat dies meist zur Folge, dass das kreative Leistungsvermögen nicht völlig ausgeschöpft wird. Nijstad und Paulus stellen dies mithilfe einer Gleichung dar:

Prozessverluste entstehen, wenn die Gruppenmitglieder z.B. notwendige Informationen zurückhalten, sich zu schnell an Meinungen anpassen oder Äußerungen von der Gruppe ignoriert werden. Es bieten sich verschiedene Maßnahmen an, wie z.B. die Vermeidung von frühzeitigem Konsens oder die Förderung kritischer Beiträge.

Gruppenklima
Auf das kreative Potenzial einer Gruppe kann sich laut Nijstad und Paulus das Gruppenklima sowohl positiv als auch negativ auswirken. Zielführend und wichtig für die Entfaltung von Kreativität ist, polarisierende und unterschiedliche Klimafaktoren, wie Ideenoffenheit und Ideenerörterung, auszubalancieren. Um das zu gewährleisten, besteht eine strikte Trennung der beiden Größen: *Ideengenerierung* und *Ideenevaluierung*. Ideengenerierung zeichnet sich durch Meinungsoffenheit und Ideenevaluierung durch Diskussionen über die Ideen und die Zulassung von Kritik aus.

Gruppenumwelt
Gruppen stehen in wechselseitiger Beziehung zu ihrer Umwelt und sind in der Regel in größere soziale Systeme eingebunden. Diese wiederum beeinflussen die Gruppenaktivität insofern, als dass sie die Aufgabenstellung vorgeben oder gewisse Erwartungen an die erbrachten kreativen Leistungen knüpfen. Einen weiteren wesentlichen Einfluss hat auch die Teilnehmerzusammensetzung. Sobald Teilnehmer die

Gruppe verlassen oder neue Teilnehmer hinzukommen, verändert sich die Beziehungsstruktur sowie die Wissens- und Fähigkeitenbasis, was sich sofort positiv oder negativ auf die Gruppenkreativität auswirken kann.

2.3.2 Gegenüberstellung kreatives Team – kreative Person

In einer Studie der Universität Amsterdam [42] wurde untersucht, wie sich Teilnehmer bei Kreativprozessen - in dieser Studie wurde mit Brainstorming gearbeitet - in einer Gruppe von Personen (2er- und 4er-Gruppen), von jenen, die alleine arbeiteten, unterscheiden. Sie untersuchten dabei die Anzahl der gefundenen Ideen, Fehlschlägen bzw. Blockaden und die Zufriedenheit mit dem Ergebnis. Dabei kamen die Forscher zu folgenden Ergebnissen:

Weniger Ideen
Die Teilnehmer meinten zwar, sie seien in einer Gruppe kreativer, in Wirklichkeit hatten sie jedoch weniger Ideen produziert als jene, die alleine gearbeitet haben.

Weniger Fehlschläge
Teams erlebten im Kreativitäts-Prozess weniger Fehlschläge als Einzelpersonen.

Zufriedenstellendere Ideen
Die Teilnehmer in den Gruppen waren mit den Ergebnissen zufriedener als jene, die das Brainstorming alleine durchgeführt haben.

In den Ergebnissen gab es keine signifikanten Unterschiede, ob es sich um 2er- oder 4er-Gruppen handelte – jede Form der Gruppe erzielte ähnliche Ergebnisse gegenüber den Einzelpersonen.

Obwohl Gruppen-Mitglieder weniger Ideen produzierten als Individuen, kamen sie also zu zufriedenstellenderen Ergebnissen.

---

[42] Nijstad, B.A.; Stroebe, W.; Lodewijkx, H.F.M., 2006, Studie „The illusion of group productivity: A reduction of failures explanation", in: European Journal of Social Psychology, Ausgabe 36, S. 31 - 48

Dies erklärten sich die Forscher dadurch, dass beim Ideensuchen als Gruppe permanent Aktivität herrschte und es keinerlei Stockungen gab. Dabei entstand der Eindruck, dass man besonders kreativ sei. Bei diesem Eindruck spielte es keine Rolle, ob die Teilnehmer an den Ideen beteiligt waren oder nicht

2.3.3 Zusammenfassende Betrachtung

In diesem Kapitel ging es um die Frage, welchen Vorteil eine Gruppe gegenüber einer Einzelperson in Bezug auf Kreativität ausmacht. Wie muss sie beschaffen sein und was sind die Parameter, um in einer Gruppe kreativ zu sein?

In der Darstellung des Beiträgekombinationsmodells bestimmen die Ressourcen der Teammitglieder das kreative Leistungsvermögen einer Gruppe. Der Grad der Gruppenheterogenität ist vorwiegend entscheidend für das kreative Potenzial einer Gruppe, jedoch nicht in jeder Form zwingend förderlich. Ob diese Ressourcen zu tragen kommen, hängt von der Führung, dem Prozessverlauf, Gruppenklima und der Umwelt ab.

In der angeführten Studie der Universität Amsterdam ergab das Ergebnis, dass Gruppenkreativität (hier dargestellt am Beispiel Brainstorming) einerseits zu weniger Ideen führt, die Teilnehmer aber mit ihren Ergebnissen zufriedener sind als die Einzelpersonen, die zwar mehr Ergebnisse erzielten, sich aber als weniger kreativ einstuften. Durch die permanente Gruppenaktivität fühlten sich die Teilnehmer besonders kreativ und es kam zu weniger Blockaden.

2.4 Der kreative Prozess in der Theorie

Unter dem kreativen Prozess versteht man eine Abfolge von Phasen, die durchlaufen werden müssen, um eine Aufgabe oder ein Problem kreativ lösen zu können. Einige frühere Hinweise zum kreativen Problemlösen stammen aus retrospektiven Angaben von Erfindern, Dichtern und Künstlern. Von diesen Hinweisen ausgehend, wurden Modelle entwickelt, die den typischen Verlauf des kreativen Prozesses beschreiben sollen. Um den psychischen Prozess zu visualisieren und somit für Studien oder die Kreativitätsförderung handhabbar zu machen, haben sich Phasenmodelle durchgesetzt. Zu den bekanntesten Modellen zählt das vierphasig angelegte Modell von Wallas (1926)[43].

In der Kreativitätsforschung wird vermehrt auf dieses Modell zurückgegriffen, darum wird nachfolgend der Phasenverlauf nach Wallas unter Einbezug neuerer Erkenntnisse näher betrachtet. Anschließend wird ein von Amabile konzipiertes Modell dargestellt, das den direkten Einfluss der drei Komponenten (Aufgabenmotivation, bereichsrelevante Fähigkeiten, kreativitätsrelevante Prozesse, s. Das Komponentenmodell von T. Amabile, S. 17) auf den kreativen Prozess verdeutlicht. Das Modell von Amabile wird in der Kreativitätsforschung stark rezipiert und gibt für diese Arbeit eine wichtige Richtung vor.

2.4.1 Kreativer Prozess nach Graham Wallas

Der kreative Prozess wird traditionell als Abfolge von vier Phasen dargestellt, die sich definieren in: *Vorbereitungsphase, Inkubations- oder Reifungsphase, Einsicht, Bewertung.*[44]

1. Schritt: Vorbereitungsphase
„Kennzeichnend für die Vorbereitungsphase ist, dass ein Raum geschaffen wird, in dem eine intensive Auseinandersetzung mit dem Problem stattfindet."[45] Ohne *Wissen und Expertise* auf dem fraglichen Gebiet ist es kaum möglich, zu einer guten Idee zu gelangen. Es bedarf intensiver Vorbereitung, in der das verfügbare Wissen zusammengetragen wird. Dabei wird der Fokus auf den Gegenstand der Fragestellung gelenkt, analysiert und strukturiert.[46]

2. Schritt: Inkubationsphase
In dieser Phase wird etwas „ausgebrütet" (incubare, lat. = brüten). Dabei befasst man sich nicht mit dem gestellten Problem, sondern geht *ablenkenden Tätigkeiten* nach. Auf unbewusster Ebene geraten die Ideen

---
[43] vgl. Giesler, M., 2003, Kreativität und organisationales Klima, Münster, Waxmann Verlag, S.65
[44] vgl. Holm-Hadulla, R., 2000, Kreativität, Berlin Heidelberg, Springer-Verlag, S. 288
[45] Kämmera, A. in Holm-Hadulla, R., 2000, Kreativität, Berlin Heidelberg, Springer-Verlag, S. 314
[46] vgl. Brunner, A., 2008, Kreativer denken, München, Oldenbourg Wissenschaftsverlag, S.47

in heftige Bewegungen. „In dieser Phase sind ungewöhnliche Verknüpfungen besonders häufig. Wenn wir uns bewusst um die Lösung eines Problems bemühen, verarbeiten wir Informationen auf lineare, logische Weise. Aber wenn die Gedanken frei in unserem Kopf herumschwirren können, ohne dass wir sie in eine konkrete, genau festgelegte Richtung zwängen, können ganz neue unerwartete Kombinationen entstehen."[47] „Was in dieser Inkubationsphase genau passiert, war lange Zeit unklar. Am Werk ist hier die Dynamik unseres Gedächtnisses, in dem assoziative Verbindungen zwischen Ideen und Vorstellungen sich im Laufe der Zeit abschwächen und durch neu hinzukommende Informationen überlagert und verändert werden".[48]

3. Schritt: Einsicht (Illumination)
In dieser Phase wird das Ende des kreativen Prozesses eingeleitet. Hier ist der Moment der *Bewusstwerdung des schöpferischen Augenblicks* angesprochen. In einem unbestimmten Moment dringt eine rekombinierte Assoziation ins Bewusstsein und liefert den Moment, der uns auch als klassisches „Aha"-Erlebnis bekannt ist.

4. Schritt: Bewertung
Diese Phase wird auch als Verifikation (vom lat. veritas abgeleitet = Wahrheit, Wirklichkeit) bezeichnet.[49] Hier geht es darum, ob die gefundenen Einsichten einer *kritischen Überprüfung* standhalten. Dabei kommen Norme und Werte zum Tragen, die darüber entscheiden, ob es sich bei einer Idee um eine wertvolle, lohnende Einsicht handelt.[50]

Obwohl das Vier-Phasen-Modell nach Wallas als Vorlagen für viele andere Modelle gilt und in der Literatur oftmals zitiert wird, wirft es auch Kontroversen auf, die nachfolgend aufgezeigt werden.

Das Modell von Wallas beruht auf den persönlichen Erfahrungen des Mathematikers Henri Polincarè (1973), der zur Erkenntnis kam, dass nach anstrengender Arbeit eine Ruhephase wesentlich ist, um zu relevanten Lösungen zu gelangen. Eine weitere Annahme war, dass diese Ruhezeit durch unbewusste Lösungsfindung ausgefüllt werde und dass

---
[47] Csikszentmihalyi, M., 2014, Flow und Kreativität, Stuttgart, Klett-Cotta, S. 120ff
[48] Holm-Hadulla, R., 2000, Kreativität, Berlin Heidelberg, Springer-Verlag, S. 288f
[49] vgl. Brunner, A., 2008, Kreativer denken, München, Oldenbourg Wissenschaftsverlag, S.47
[50] vgl. Holm-Hadulla, R., 2000, Kreativität, Berlin Heidelberg, Springer-Verlag, S. 288f

Theoretische Grundlagen 39

nach der plötzlichen Ideenfindungsphase, durch die die Ruhephase beendet wurde, eine intensive Arbeitsphase folgen müsse, um die Lösung entsprechend zu überprüfen.

„Einige dieser im Modell von Wallas aufbereiteten Erkenntnisse [des Mathematikers] Poincarès werden in der Literatur kontrovers diskutiert (z.B. Davidson, 1995; Hayer, 1989; Weisberg, 1989). Die Kritik richtet sich vor allem auf die Inkubationsphase, deren Notwendigkeit z.T. in Frage gestellt wird, und auf die in dieser Phase angeblich ablaufenden unbewussten Denkprozesse […]. Darüber hinaus wird die lineare Abfolge der Phasen in Frage gestellt." [51]

Um die Notwendigkeit der Inkubationsphase zu begründen, in der unbewusste Prozesse zur kreativen Lösungsfindung beitragen, wurden von Seiten der Wissenschaft verschiedenste Untersuchungen durchgeführt (Weisberg, 1989; Gruber, 1986; Olton & Jonson, 1976). Eindeutige Belege für unbewusste Prozesse, die zur kreativen Lösung führen, wurden bislang nicht gefunden. Dies veranlasst einige Forscher (z.B. Perkins, 1981 und 1995; Weisberg, 1989) die Inkubationsphase und die sich anschließende Illumination als bislang nur unzureichend erforscht anzusehen.

Im Hinblick auf den zweiten Kritikpunkt, dem linearen Phasenablauf, spricht Csikszentmihalyi[52] hier von einem „stark verzerrten Bild des kreativen Prozesses, wenn man es zu wortwörtlich nimmt" und führt weiter ebenso wie Holm-Hadulla[53] an, „dass die vier Phasen in der Realität nie in Reinkultur auftreten, sondern sich normalerweise überschneiden, überlappen und mehrfach wiederholen oder parallel verlaufen, bevor der Prozess abgeschlossen ist".

2.4.2 Kreativer Prozess nach Teresa Amabile

Das von Amabile entwickelte fünfphasige Modell stellt hypothetisch dar, wie der Problemlösungsprozess durch die beschriebenen Komponenten beeinflusst werden kann (s. *Das Komponentenmodell der Kreativität*

---

[51] Giesler, M., 2003, Kreativität und organisationales Klima, Münster, Waxmann Verlag, S.65f
[52] vgl. Csikszentmihalyi, M., 2014, Flow und Kreativität, Stuttgart, Klett-Cotta, S. 120ff
[53] vgl. Holm-Hadulla, R., 2000, Kreativität, Berlin Heidelberg, Springer-Verlag, S. 288

von Teresa Amabile, S. 17). Amabile sieht in ihrem Modell den Ablauf des Prozesses von Phase 1 bis Phase 5 als logisch an, schließt aber einen nicht-linearen Verlauf nicht aus.

Phasen des Problemlösungsprozesses nach Amabile:

Phase 1: Aufgabenstellung
Probleme und Aufgabenstellungen werden von der Person durch intrinsisches Interesse erkannt bzw. von außen an die Person herangetragen.

Phase 2: Vorbereitung
Diese Phase der Vorbereitung beinhaltet folgende Aufgaben für das Individuum:
- ein umfangreiches, problemrelevantes Informationsrepertoire aufzubauen (diese Phase kann sich über einen längeren Zeitraum erstrecken), bzw.
- gespeicherte Informationen zu reaktivieren (in diesem Fall ist ein schneller Übergang in die nächste Phase möglich)

Die bereichsrelevanten Fähigkeiten liefern für diese Herangehensweise das notwendige Informationsmaterial.

Phase 3: Lösungsfindung
Um mögliche Lösungen zu generieren, werden in dieser Phase verfügbare kognitive Pfade sowie die unmittelbare Umwelt nach brauchbaren Elementen abgesucht. Die *kreativitätsrelevanten Prozesse* stellen die Voraussetzung für diese Phase dar. Der Einfluss *intrinsischer Motivation* kann zur Risikobereitschaft führen oder dazu, mit dem Problem spielerisch umzugehen. In schwierigen Phasen kann sie das Durchhaltevermögen bestärken.

Phase 4: Validierung
In dieser Phase werden die Lösungen bewertet und überprüft. Die *bereichsrelevanten Fähigkeiten* geben die Kriterien für die Ideenbewertung vor.

Phase 5: Ergebnis
Hier wird die Entscheidung getroffen, ob ein Ergebnis erfolgreich, nicht erfolgreich oder nur teilweise erfolgreich verlaufen ist. Ist ein Ergebnis partiell verlaufen, kann das Problem neu betrachtet werden (Phase 1), können neue Informationen ausfindig gemacht werden (Phase 2), neue Ideen gefunden werden (Phase 3) oder kann die Lösung nochmals überarbeitet werden (Phase 4).

„Die Feedback-Schleife vom Ergebnis (Phase 5) zur Aufgabenmotivation besagt, dass Erfolge oder Misserfolge die Aufgabenmotivation für zukünftige, ähnliche Probleme positiv bzw. negativ beeinflussen können. Eine durch Erfolg gestärkte motivationale Orientierung kann dann zu zusätzlichem Lernen führen und somit zu einer Erweiterung der bereichsrelevanten Fähigkeiten beitragen." Ebenso wird in diesem Modell gezeigt, dass Faktoren der sozialen Umwelt eine wichtige Rolle im kreativen Prozess einnehmen, indem sie direkt die Aufgabenmotivation beeinflussen.[54]

Die folgende Grafik veranschaulicht den kreativen Prozess nach Amabile und zeigt, wie die von ihr definierten Komponenten (s. *Das Komponentenmodell der Kreativität von Teresa Amabile*, S. 17) diesen Prozess beeinflussen.[55] Im Modell von Amabile wird der Problemlösungsprozess von Phase 1 bis Phase 5 als logisch angesehen, ein nichtlinearer Verlauf aber nicht ausgeschlossen. Dargestellt wird dies durch die geschwungenen Pfeile zwischen den Stufen. Die gestrichelten Pfeile zeigen den möglichen Einfluss von Faktoren auf. Es werden nur direkte und primäre Einflussmöglichkeiten aufgezeigt.

---

[54] vgl. Giesler, M., 2003, Kreativität und organisationales Klima, Münster, Waxmann Verlag, S. 74
[55] Amabile, T.M., 1996, Creativity in context. Update to The social psychology of creativity. Boulder, Col: Westview Press, S. 113

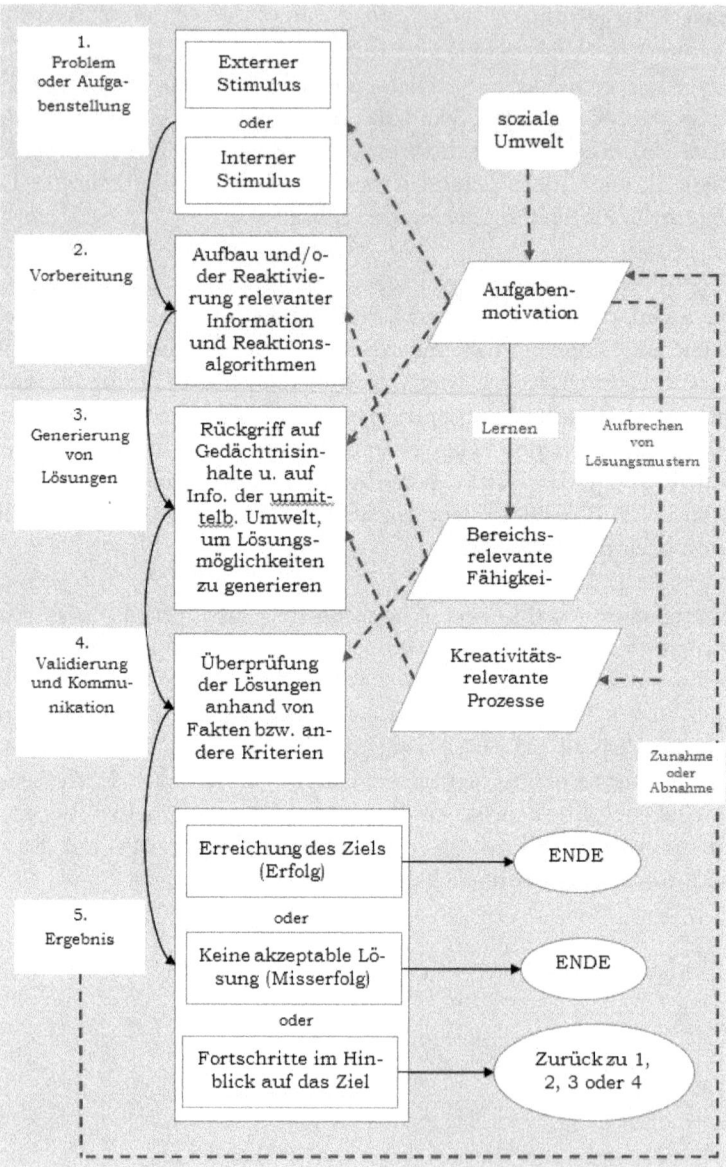

Abbildung 5: Der kreative Problemlösungsprozess nach Amabile

2.4.3 Zusammenfassende Betrachtung

Im direkten Vergleich der beiden Modelle von Wallas und Amabile wird sichtbar, dass Amabile in ihrem Modell eine Erweiterung der Phasen durchführte. Die Erweiterung betrifft den Beginn des Prozesses. Amabile hat aus der 1. Phase (Vorbereitung) die Aufgabenstellung herausgelöst und diese zu einer eigenständigen Phase aufgewertet. Sie beginnt somit den Prozess mit dem Erkennen eines Problems.

Weiters unterscheidet sich die Inkubationsphase mit anschließender Einsichtsphase von Wallas im Vergleich zu Amabiles Lösungsfindungsphase. Während Wallas sich in dieser Phase nicht mit dem gestellten Problem befasst, sondern bewusst ablenkenden Tätigkeiten nachgeht, führt Amabile stattdessen eine Phase an, in der Lösungen mit Rückgriff auf Gedächtnisinhalte und Informationen aus der Umwelt generiert werden.

Die 4. Phase (Bewertung) von Wallas stimmt inhaltlich mit der 4. Phase (Validierung) von Amabile überein. Im Gegensatz zu Wallas beendet Amabile ihren Prozess mit der 5. Phase, dem Ergebnis. Falls ein Ergebnis noch nicht zufriedenstellend verlaufen ist, beginnt bei ihr der Prozess erneut von vorne.

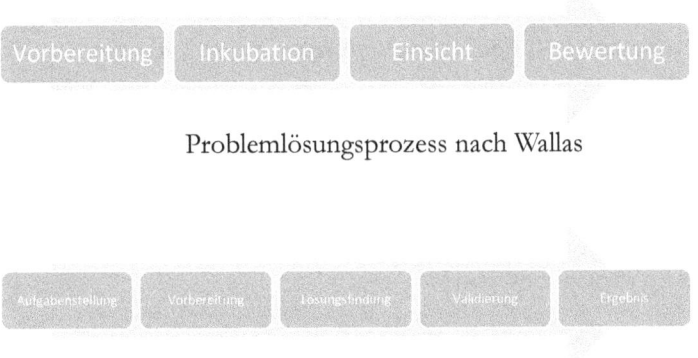

Problemlösungsprozess nach Wallas

Problemlösungsprozess nach Amabile

Ausgehend von der oben beschriebenen Ausführung, stellt sich der Problemlösungsprozess, der zur kreativen Leistung führt, „als ein Zeit und Anstrengung erforderndes prozessuales Geschehen"[56] dar. Auch wenn derzeit genauere Kenntnisse über den Problemlösungsprozess fehlen, herrscht Übereinstimmung darüber, dass dieser Prozess mit einer Vorbereitungsphase beginnt und wenn es zur Lösungsfindung kommt, mit einer Verifikationsphase endet. Die einzelnen Phasen können während der Problemlösung mehrmals durchlaufen werden. Pausen werden während dieses Prozesses dann eingelegt, wenn sich die Problemstellung als schwierig erweist. Diese Pausen können den Problemlösungsprozess auf unterschiedliche Weise günstig beeinflussen. Inwieweit die Inkubationsphase den Problemlösungsprozess tatsächlich beeinflusst, bedarf es noch weiterer empirischer Untersuchungen.

2.5 Einflussfaktoren auf Prozesse der Kreativität

Unter Einflussfaktoren versteht man Bedingungen, die für die Kreativität hemmend oder förderlich sein können. In diesem Kapitel werden kreativitätsfördernde und -hemmende Aspekte der Umwelt, sowie kreativitätsfördernde und -hemmende Aspekte der eigenen Person vorgestellt.

2.5.1 Investment-Theorie nach Sternberg und Lubart

Neben den systemischen Theorien von Amabile gibt es die Investment-Theorie der Kreativität von Robert J. Sternberg und Todd I. Lubart[57]. Sie besagt, dass kreative Menschen in der Lage sind, im Reich der Ideen „billig zu kaufen und teuer zu verkaufen". Sternberg meint mit „niedrig kaufen", von Zeitgenossen unterschätzte Ideen aufzugreifen und kreativ weiterzuentwickeln.

---

[56] Meißner, W., in Asanger, R. & Wenninger G. (Hrsg.), 1988, Handwörterbuch der Psychologie, München, Psychologie Verlag Union, S. 368
[57] Sternberg, R., Lubart, T., 1996, Investing in Creativity, American Psychologist, VOL. 51, No. 7, S. 683 ff.

Gemäß der Investment-Theorie erfordert Kreativität eine Kombination von sechs unterschiedlichen, aber miteinander verbundenen Ressourcen:
1. Intellektuelle Fähigkeiten
2. Fachwissen
3. Denkstile
4. Persönlichkeitsmerkmale
5. Intrinsische Motivation
6. Umgebung

ad 1: Drei intellektuelle Fähigkeiten sind besonders wichtig:
  a. *synthetische Fähigkeiten*, um neue Sichtweisen auf Probleme zu erlangen und die Grenzen des konventionellen Denkens zu überwinden
  b. *analytische Fähigkeiten*, um den Wert der eigenen Ideen zu erkennen und sich darüber im Klaren zu sein, ob sie es wert sind, weiter verfolgt zu werden
  c. *praktisch-kontextbezogene* Fähigkeiten, um zu wissen, wie man anderen Menschen seine Ideen verkauft und sie davon überzeugt

Diese drei Fähigkeiten beeinflussen sich gegenseitig wesentlich:
- Synthetische Fähigkeiten ohne die beiden anderen führen zwar zu Ideen, werden aber keiner Prüfung unterzogen.
- Analytische Fähigkeiten ohne die beiden anderen führen zu einer stark kritischen, aber nicht kreativen Person.
- Praktisch-kontextbezogene Fähigkeiten ohne die beiden anderen führen dazu, dass Andere von der Idee überzeugt werden, Grund dafür ist aber vor allem die hervorragende Präsentationsfähigkeit des Ideengebers und weniger die Idee selbst.

ad 2: In Bezug auf Fachwissen ist es einerseits notwendig, über ausreichend Fachwissen zu verfügen, um ein Feld vorwärts zu bewegen, andererseits kann sich dadurch die eigene Sichtweise verfestigen. Das kann dazu führen, dass eine Person das Problem in gewohnter Weise betrachtet und nicht über diese Grenze hinaus denkt.

ad 3: Im Hinblick auf Denkstile ist ein **normativer Denkstil** besonders wichtig für Kreativität, d.h. man muss einerseits große Zusammenhänge verstehen und trotzdem den Blick fürs Wesentliche nicht aus den Augen verlieren und somit erkennen, welche Fragen wichtig sind und welche nicht.

ad 4: Die für Kreativität wichtigen (aber nicht ausschließlichen) **Persönlichkeitsmerkmale** sind:
- Bereitschaft, Herausforderungen zu meistern
- Bereitschaft, vernünftige Risiken auf sich zu nehmen
- Bereitschaft, Ungewissheit zu tolerieren
- Selbstvertrauen
- Bereitschaft, seine kreativen Wege trotz Gegenwind aus der Masse zu denken und auszuführen

ad 5: Sternberg beschreibt weiters, dass Amabile die Wichtigkeit **intrinsischer Motivation** für kreative Arbeit aufgezeigt hat. Solange Menschen lieben was sie tun, führen sie kreative Arbeit besser aus und legen den Fokus auf die Aufgaben anstatt auf die Belohnung.

ad 6: Menschen brauchen eine **Umgebung, die kreative Ideen unterstützt und belohnt**, damit die internen kreativen Ressourcen nach außen getragen werden können (z.B. ein Forum, um Ideen einzubringen).

In der Schlussfolgerung empfehlen Sternberg und Lubart umfassende Modelle, wie das Geneplore-Modell von Finke et al., weil sich herkömmliche Untersuchungen jeweils auf einzelne Aspekte der Kreativität beschränken anstatt das Phänomen der Kreativität in seiner Gesamtheit zu erfassen. Sie erkennen auch die Notwendigkeit für eine Vielfalt von Zugängen zur menschlichen Kreativität.

2.5.2 Förderliche Umfelder nach Gardner

Howard Gardner versuchte, mithilfe von Lebenslaufstudien eine Antwort auf die Frage nach **förderlichen Umfeldern** zu finden. Er untersuchte dazu in vergleichenden Lebenslauf-Studien „Schöpfer der

Moderne" (Picasso, Freud, Einstein, Gandhi, Strawinsky, Graham), währen Csikszentmihalyi sich auch mit Menschen aus dem alltäglichen Leben beschäftigt. Die Frage nach dem Ort der Kreativität versuchen beide mit folgendem Modell zu beantworten[58]:

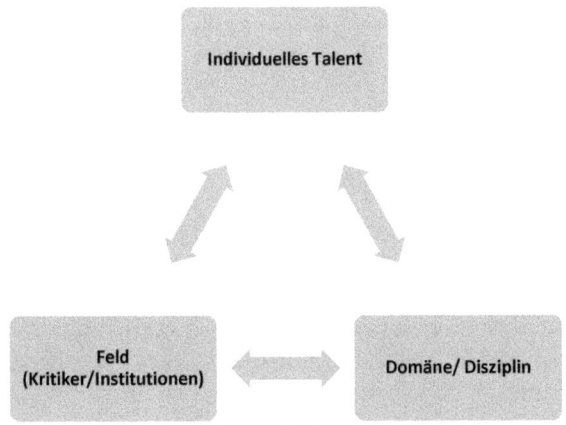

Abbildung 6: Wo findet Kreativität statt?

Anhand vergleichender Analysen der Lebensläufe konnte Gardner weitere Einsichten herausarbeiten, die veranschaulichen, wie es kreativen Genies gelingt, diese Faktoren trotz ungünstiger Voraussetzungen optimal zu koordinieren.

Gardners Beobachtungen zeigen, dass das kreative Genie selbstbewusst, wach und unkonventionell ist und für seine Arbeit lebt. „Hobbies oder ein gesellschaftliches Leben sind so gut wie bedeutungslos und werden allenfalls am Rande wahrgenommen. […] In die Selbstsicherheit mischt sich Egoismus, Egozentrik und Narzissmus, jeder der sechs Einzelfälle scheint in hohem Grad selbstbezogen, nicht nur ganz seiner Arbeit hingegeben, sondern dazu disponiert, sie auf Kosten anderer zu betreiben.

Auffallend ist das Merkmal der besonderen Verbindung von Kindhaftigkeit und Reife. Alle haben sie gemeinsam, dass sie zeitlebens über

---

[58] Gardner, H., 1996, So genial wie Einstein: Schlüssel zum kreativen Denken, Stuttgart, Klett-Cotta, S. 59

einen intensiven Zugang zu frühen Kindheitserlebnissen verfügten und sich eine gewisse Kindlichkeit bewahrt haben."

Weiters führt Gardner an, dass die Schöpfer über eine frühe Spezialbegabung verfügten, die von ihrem Umfeld erkannt und gefördert wurde, z.B. erlebte Picasso, dass sein Vater seine Zeichnungen bewunderte und sammelte.

Kennzeichnend für kreative Persönlichkeiten ist, dass sie in der Lage sind, sich der vorherrschenden Auffassung ihrer Umgebung entgegenzusetzten, dies auszuhalten und produktiv zu verarbeiten.

Alle Schöpfer zeichnete aus, dass sie sehr konsequent an ihren Projekten arbeiteten. Dabei wurde im Verlauf der Untersuchungen die Zehnjahres-Regel deutlich. Alle brauchten eine etwa zehnjährige Einarbeitungszeit, bis sie in der Lage waren, auf ihrem Gebiet kreative Durchbrüche zu erringen.

Gardner fand auch heraus, dass überragende Schöpfer derart engagiert an der Durchsetzung ihrer Projekte arbeiten, dass sie in Extremfällen „über Leichen gehen", d.h. bedenkenlos ihre sozialen Beziehungen für die Erreichung ihrer Ziele opfern.[59]

2.5.3 Personenbezogene Einflussfaktoren nach Amabile und Gryskiewicz

2.5.3.1 Kreativitätsfördernde Aspekte der eigenen Person

In der Kategorie **kreativitätsfördernde Aspekte der eigenen Person** konnten folgende Persönlichkeitseigenschaften identifiziert werden: *Ausdauer*, *Neugierde*, *Energie* und *Ehrlichkeit* waren die am häufigsten genannten Persönlichkeitseigenschaften. *Intrinsische Motivation* – äußerte sich in der Begeisterung für die Arbeit und dem Gefühl einen wichtigen Beitrag zu leisten - war ein weiteres wichtiges Themenfeld. An dritter Stelle wurden Bereiche der Kognition genannt, wie z.B. *Problemlösefähigkeiten*. Weitere Aspekte waren *unkonventionelle Einstellungen*, die

---

[59] Gardner, H., 1996, So genial wie Einstein: Schlüssel zum kreativen Denken, Stuttgart, Klett-Cotta, S. 433ff

Bereitschaft Risiken einzugehen, gute Fachkenntnisse *(Expertise)*, sowie ein *breites Allgemeinwissen*. Seltener, jedoch ebenfalls wichtig, wurden *gute soziale Fertigkeiten, Brillanz* und *Naivität* genannt.

2.5.3.2 Kreativitätshemmenden Aspekte der eigenen Person

Die **kreativitätshemmenden Aspekte der eigenen Person** ließen sich in sechs Kategorien einteilen:

Der *nicht motivierte Zustand* wurde an erster Stelle genannt. Als nächste folgten *Unerfahrenheit* und *mangelnde Fachkenntnisse*. Weitere Faktoren waren *Inflexibilität, externale Motivierung* und *fehlende soziale Fertigkeiten*. Vereinzelt wurden auch *inadäquate Problemlösungsfähigkeiten* genannt.[60]

2.5.4 Umweltbezogene Einflussfaktoren nach Amabile und Gryskiewicz

In einer Studie von **Amabile und Gryskiewicz**[61], deren Ziel es war, kreativitätsrelevante Umweltfaktoren in Organisationen zu identifizieren, um anschließend ein Messinstrument zur Erfassung dieser Bedingungen zu entwickeln, ergaben sich vier Kategorien:
- *kreativitätsförderliche Aspekte der Umwelt*
- *kreativitätshemmende Aspekte der Umwelt*
- *kreativitätsförderliche Aspekte der eigenen Person*
- *kreativitätshemmende Aspekte der eigenen Person*

Innerhalb der kreativitätsförderlichen und –hemmenden Umweltaspekte bildeten sich jeweils neun Subthemen heraus, die hier in der Reihenfolge ihrer Nennung beschrieben sind.

---

[60] Amabile, T.M. & Gryskiewicz, S.S., in: Giesler, M., Kreativität und organisationales Klima, 2003, Münster, Waxmann Verlag GmbH, S.118ff
[61] Amabile, T.M., Gryskiewicz, S.S., 1988, Creative human resources in the R&D laboratory: How environment and personality affect innovation. in: Kuhn, R.L., McGraw-Hill, Handbook for creative and innovative managers, New York, S. 501 - 524

2.5.4.1 Kreativitätsförderliche Aspekte der Umwelt

- **Freiheit und Kontrolle**
  Die Möglichkeit, nach eigenen Vorstellungen Aufgaben durchzuführen; das Erleben einer offenen Atmosphäre, welche Kontrolle über die eigene Arbeit ermöglicht.

- **Umsichtige, kompetente und vertrauensvolle Projektbegleitung**
  Führungskräfte, die ein Projekt und das Team vor Druck von außen schützen, klare Ziele setzten können, über soziale Fertigkeiten verfügen, offen gegenüber neuen Ideen sind und ihren Mitarbeitern das Gefühl vermitteln, dass jeder Beitrag wertvoll ist.

- **Ausreichende Ressourcen**
  Zugang zu Hilfsmitteln, Einrichtungen, Informationen sowie finanzielle Absicherung

- **Ermutigung und Unterstützung**
  a) Enthusiasmus, Interesse
  b) keine destruktive Kritik oder Angst vor Fehlschlägen

- **Organisationale Bedingungen**
  Wahrnehmung eines kooperativen Klimas, offene Kommunikationsstrukturen

- **Anerkennung und Feedback**
  Angemessene Rückmeldung, Anerkennung für erbrachte Leistungen

- **Ausreichend Zeit**
  Angemessene Zeitplanung

- **Herausforderung durch die Tätigkeit**
  Aufgaben, die von anderen manchmal als unlösbar angesehen werden

- **Erfolgsdruck**
  Positiver Druck und Wunsch, eine Lösung für bedeutsame Probleme zu erzielen

2.5.4.2 Kreativitätshemmende Aspekte der Umwelt

- **Hemmendes Organisationsklima**
  Ein unfair empfundenes Belohnungssystem, mangelnde Unterstützung, mangelnde Offenheit, starke formale bzw. bürokratische Vorgaben

- **Eingeschränkte Entscheidungsfreiheit**
  Kein Mitspracherecht bei der Auswahl von Aufgaben und Art der Durchführung

- **Desinteresse der Organisation**
  Fehlendes Interesse, Mangel an Enthusiasmus gegenüber Forschungsaktivitäten, fehlendes Vertrauen in Bezug auf den Erfolg eines Projekts

- **Schlechtes Projektmanagement**
  Mangelnde Führungsqualitäten; Unfähigkeit, klare Ziele zu setzen

- **Evaluation und Druck**
  Druck durch unangemessene Bewertungsprozeduren und unrealistische Erwartungen von Seiten der Vorgesetzten

- **Unzureichende Ressourcen**
  Fehlendes Material, wenig Zugang zu Informationen, ungenügende finanzielle Ausstattung

- **Zeitdruck**
  Zu kurze Zeiträume, um angemessene Lösungen zu finden

- **Beharren auf Status quo**

Mangelnde Risikobereitschaft von Seiten der Verantwortlichen, alles beim Alten belassen wollen

- **Wettbewerb**
  Rivalitäten zwischen Personen bzw. Gruppen

2.5.5 Kreativitätsbarrieren nach Groth & Peters

Bis eine Idee zu einer Problemlösung wird, muss sie einen langen Weg beschreiten. Die Idee ist erst der Beginn des kreativen Prozesses und hat auf ihrem langen Weg viele Barrieren zu überwinden, bis sie letztendlich zu einer Problemlösung wird. Die nachfolgende Tabelle zeigt vier mögliche Kategorien von Barrieren[62]:

Kulturelle Barrieren	Barrieren der Wahrnehmung	Barrieren der Arbeitsumgebung	Selbst errichtete Barrieren
• Ideenkonformismus • Rationalität wird zu hoch bewertet • Vorgefasste Meinungen • Kulturelle Unterschiede • Frustrationen werden nicht berücksichtigt: Aggressivität, Resignation	• Negatives Denken: „Ich bin nicht kreativ!" • Schwierigkeit, zwischen Fakten und Problemen zu unterscheiden • Verfrühte Präsentation von Pseudolösungen eines Problems • Probleme der Wahrnehmung ungewöhnlicher Beziehungen zwischen Ideen und Objekten etc.	• Unterbrechungen • Ausbildung • Schulung • Druck, Regeln • Finanzbarrieren • Sozialisierung • Kommunikation • Entscheidungsprozess • Respekt vor individuellen Unterschieden • Verfügbare Strategien und Ressourcen, Organisationskultur, Struktur, Anreiz-System • Neue Technologien und Intensität von F&E	• Angst vor Fehlern wegen fehlenden Selbstvertrauens und fehlenden Wissens • Fehlende Fähigkeit zur Entspannung • Müdigkeit • Misstrauen gegenüber Vorgesetzten und Kollegen • Exzessive Abhängigkeit von der Meinung anderer • Fehlendes Interesse, fehlende Motivation • Launen • Zeitdruck • Erwartungen • Wünsche

Tabelle 3: Kreativitätsbarrieren nach S. Kylen und A. Shani (2008)

In Anbetracht der Vielzahl an Möglichkeiten, eine Idee im Vorfeld abzuwürgen, wird sichtbar, wie sorgsam und wertfrei mit vorgebrachten Ideen umgegangen werden muss.

In diesem Kapitel wurden Faktoren beschrieben, die zur Entwicklung von kreativitätsrelevanten Fähigkeiten beitragen und den kreativen

---

[62] Groth, J.C. & Peters, J., 1999. What blocks creativity? A managerial perspective. Creativity and Innovation Management 8, aus: Kylen, S. & F., Shani, A., B., 2008, Creativity and innovation management, Innovation Support Transfer, S. 15f

Prozess beeinflussen, sowie hemmen können. Die beschriebenen kreativitäts-förderlichen Aspekte der Umwelt sind Bestandteile der kreativitätsförderlichen Rahmenbedingungen im Kreativitäts-Training. Sie ermöglichen eine geschützte Umgebung zu bieten, in der Teilnehmer ihr kreatives Potenzial entfalten können.

2.6 Zusammenfassung der theoretischen Grundlagen

Nach zusammenfassender Betrachtung der dargestellten Theorien, Konzepte und Methoden nach dem derzeitigen Stand der Forschung, wird Kreativität im Zuge dieser Arbeit wie folgt definiert: Kreativität ist ein menschliches Wesensmerkmal, eine Grundhaltung des Menschen, die auf bestimmten geistigen Fähigkeiten, Denkstilen und Persönlichkeitsmerkmalen basiert (s. S. 12, Rogers). Das kreative Potenzial ist im Menschen angelegt - um es zur Entfaltung zu bringen, benötigt es äußere und innere Rahmenbedingungen.

Kreativität ist die Fähigkeit eines Individuums oder einer Gruppe, Ideen, Lösungen und Verbindungen, gleich welcher Art, hervorzubringen, die in wesentlichen Merkmalen neu sind und dem Erschaffer vorher unbekannt waren (problemlösende Kreativität nach Nütten, s. S. 21).

Die Definition grenzt sich von der der ästhetischen Kreativität ab, die dem reinen Selbstzweck dient und den Künstlern vorbehalten ist, um künstlerische Werke wie Gemälde, Romane oder Musikkompositionen zu kreieren.

Die Erforschung des Phänomens *Kreativität* ist erst wenige Jahrzehnte alt. In dieser Zeit wurden in der Kreativitätsforschung verschiedene Gegenstandsbereiche und Modelle entwickelt. Im Zuge dieser Untersuchung wird angenommen, dass die Berücksichtigung der in diesem Kapitel angeführten Inhalte für die Gestaltung eines wirksamen Kreativitäts-Trainings von wesentlicher Bedeutung ist.

Teresa Amabile beschreibt in ihrem Modell drei Komponenten: *Bereichsrelevante Fähigkeiten, kreativitätsrelevante Prozesse und Aufgabenmotivation*, die mehr oder weniger miteinander verbunden sind. Laut Amabile wird die Stärke der Verknüpfung und die Qualität der kreativen Ergebnisse beeinflusst, wenn die Höhe des Niveaus einzelner Komponenten steigt. Ebenso führt Amabile an, dass sich ein Teil der kreativitätsrelevanten Prozesse durch Übung von Kreativitätstechniken, die in Trainings eingesetzt werden können, fördern lässt. Für die vorliegende Studie, wird angenommen, dass die Anwendung von Kreativitäts-Methoden im Kreativitäts-Training zur Erhöhung des Niveaus der kreativitätsrelevanten Prozesse führt und im Zuge dessen eine Steigerung der Motivation auslöst.

Zu den Gegenstandsbereichen der Kreativitätsforschung, die relevant für diese Untersuchung sind, zählen unter anderem *die kreative Persönlichkeit und das kreative Team*.

Es wurden unzählige Persönlichkeitseigenschaften kreativer Individuen untersucht, allein Preiser stellte 1976 mehr als 200 Verhaltens- und Persönlichkeitsmerkmale fest. Es gibt also nicht nur das eine Persönlichkeitsmerkmal, das eine kreative Person ausmacht, sondern es sind viele Einzelmerkmale, aus denen sie sich zusammensetzt.

Die Merkmale lassen sich in sechs Metaeigenschaften zusammenfassen: *Ichstärke, Konflikt- und Frustrationstoleranz, hohes Energiepotenzial, Sensibilität, Interesse für Komplexität* und *Drang nach Unabhängigkeit*. Diese Merkmale sind nicht als Checkliste zu verstehen, um das kreative Potenzial einer Person zu bestimmen, jedoch ist davon auszugehen, dass kreative Menschen über eine höhere Anzahl der beschriebenen Persönlichkeitsmerkmale verfügen als weniger kreative Personen.

Im Rahmen dieser Studie wird angenommen, dass im Kreativitäts-Training vor allem die kognitiven Fähigkeiten und Motivationsfaktoren trainierbar sind. Von den Persönlichkeitseigenschaften kann hauptsächlich an der ICH-Stärke, hier vor allem die Selbstwahrnehmung in Bezug auf Kreativität, und Frustrationstoleranz gearbeitet werden. Die weiteren Eigenschaften wie Energiepotenzial, Sensibilität, Interesse für Komplexität und Drang nach Unabhängigkeit, übersteigen ein Kreativitäts-Training und sind eher durch Coaching wirksam zu begleiten. Weiters wird angenommen, dass es dem Kreativitäts-Trainer durch das Wissen um kreative Persönlichkeitsmerkmale ermöglicht wird, ein besseres Verständnis für die unterschiedlichen Anschauungen, Gewohnheiten und Wünsche kreativer Individuen zu erlangen. Die daraus resultierenden Erkenntnisse können zur Gestaltung eines wirksamen Seminardesigns führen, die die Entfaltung der kreativen Fähigkeiten der Teilnehmer fördern.

Nach Gardner zeichnet die kreative Persönlichkeit drei Schlüsselelemente aus: *Reflektieren, Stärken einsetzen und Erfahrungen sinnvoll bewältigen*. Übereinstimmend mit Gardner sehen auch Waschull & Kernis das Selbstvertrauen als eines der Schlüsselelemente der Kreativität. Durch die Ausführung von Gardner und Waschull & Kernis wird für diese Studie angenommen, dass die persönlichen Erfahrungen im Kreativitäts-Training maßgeblich sind, um das eigene kreative Potenzial zu erkennen und durch Reflektion zu mehr Selbstvertrauen zu gelangen.

In den letzten Jahren wurden erste theoretische Ansätze entwickelt, wie z.B. das *Beiträgekombinationsmodell von Nijstad und Paulus*, das einen Theorieansatz zur besseren Gruppenkreativität darstellt. Sie gehen davon aus, dass der Grad der Gruppenheterogenität entscheidend für den kreativen Prozess der Gruppe ist, da umfassenderes Wissen und unterschiedliche Fähigkeiten miteinander kombiniert werden können. Laut Nijstad und Paulus bestimmen die Ressourcen der Teammitglieder das kreative Leistungsvermögen einer Gruppe. Ob diese zu tragen kommen, hängt von der Führung, dem Prozessverlauf, dem Gruppenklima und der Umwelt ab. Auf Basis dieses Theorieansatzes wird angenommen, dass die Seminarleitung eine zentrale Rolle in der Auswirkung von Gruppenkreativität spielt. Sie kann das Gruppenklima durch Containment maßgeblich beeinflussen und somit für ein förderliches Gruppenumfeld sorgen. Containment bietet eine sichere Bezugsperson, in die die Teilnehmer unverarbeitete Elemente (wie Ängste und Konflikte) projizieren können. Die Seminarleitung beruhigt dadurch die Teilnehmer, indem sie ihr spiegelndes Verhalten mit Äußerungen verbindet, die dem Affekt der Teilnehmer zuwiderlaufen. Durch die Vermittlung von Sicherheit wird den Teilnehmern ein Umfeld geboten, das ihnen ermöglicht, eine aufgabenorientierte, entspannte Haltung einzunehmen, kognitive Herausforderungen anzunehmen und sich spielerisch-explorierend mit den Aufgaben auseinander zu setzen.[63]

---

[63] vgl. Pichler, W., 2013, Modulunterlagen MTD 10, „Psychologie der Wirtschaft und der Arbeitswelt I", SMBS Salzburg, S. 13

Eine Studie der Universität Amsterdam stellte ein kreatives Team einer kreativen Einzelperson gegenüber und untersuchte während einer Kreativitäts-Methode (Brainstorming) die Anzahl der gefundenen Ideen, der Fehlschlägen bzw. Blockaden und die Zufriedenheit mit dem Ergebnis. Das kreative Team fühlte sich in dieser Studie kreativer und war mit seinen Ergebnissen zufriedener als die Einzelperson, obwohl diese mehr Ideen vorweisen konnte. Grund dafür war die Annahme, dass sich die Team-Mitglieder durch die permanente Aktivität gegenseitig inspirierten und es dadurch im Team zu weniger Blockaden. Das führte dazu, dass sich die Mitglieder im Team kreativer fühlten und daher mit dem Ergebnis zufriedener waren. Aufgrund dieser Ergebnisse wird für die vorliegende Arbeit angenommen, dass das kreative Arbeiten in einer Gruppe das Gefühl, kreativ zu sein, steigert. Ebenso wird angenommen, dass dies zu einer Steigerung des Selbstwerts führt, was wiederum die Motivation fördert, in diesem Bereich tätig zu sein.

Ein weiterer Gegenstandsbereich der Kreativitäts-Forschung, der für diese Studie von Bedeutung ist, ist der *kreative Prozess*. Unter dem kreativen Prozess versteht man eine Abfolge von Phasen, die notwendig sind, um eine Aufgabe oder ein Problem kreativ zu lösen. Zu den bekanntesten zählt das Modell von Wallas (1926), das traditionell als Abfolge von vier Phasen dargestellt wird, die sich definieren in: *Vorbereitungsphase, Inkubations- oder Reifungsphase, Einsicht* und *Bewertung*. Einige Forscher sehen die Inkubationsphase als bislang nur unzureichend erforscht. Im Hinblick auf den linearen Phasenablauf wird auch von einem stark verzerrten Bild des kreativen Prozesses gesprochen und angeführt, dass die vier Phasen in der Realität nie in Reinkultur auftreten, sondern sich normalerweise überschneiden, überlappen und mehrfach wiederholen oder parallel verlaufen, bevor der Prozess abgeschlossen ist.

Teresa Amabile entwickelte ein fünfphasiges Modell und stellt damit hypothetisch dar, wie der Problemlösungsprozess durch die Komponenten *Aufgabenmotivation, bereichsrelevante Fähigkeiten* und *kreativitätsrelevante Prozesse* beeinflusst werden kann. Amabile sieht in ihrem Modell den Ablauf des Prozesses von Phase 1 bis Phase 5 als logisch an, schließt aber einen nicht-linearen Verlauf nicht aus. Phasen des Problemlösungsprozesses: *Problem oder Aufgabenstellung, Vorbereitung, Generierung von Lösungen, Validierung, Entscheidung.*

Es wird angenommen, dass das erweiterte Verständnis des kreativen Prozesses, sowohl für die Seminarleitung als auch für den Teilnehmer unterstützend sein kann. Der kreative Prozess mit seinen Phasen stellt ein Hilfskonstrukt dar, das Orientierung gibt.

Ein weiterer wesentlicher Gegenstandsbereich der Kreativitätsforschung für diese Studie sind die *Einflussfaktoren auf Prozesse der Kreativität.* Darunter versteht man Bedingungen, die für die Kreativität hemmend oder förderlich sein können. Amabile und Gryskiewicz führten eine Studie durch, um kreativitätsrelevante Umweltfaktoren zu identifizierten.

Daraus ergaben sich vier Kategorien:
- *kreativitätsförderliche Aspekte der Umwelt*
- *kreativitätshemmende Aspekte der Umwelt*
- *kreativitätsförderliche Aspekte der eigenen Person*
- *kreativitätshemmende Aspekte der eigenen Person*

Die Einflussfaktoren der kreativen Prozesse, insbesondere die kreativitätsförderlichen Aspekte der Umwelt, haben für die Gestaltung des Kreativitäts-Trainings dieser Untersuchung einen hohen Stellenwert. Aufgrund der vorliegenden Studien wird angenommen, dass ihre Anwendung im Training zu einer kreativitätsfördernden Atmosphäre führt und dem Trainer die Möglichkeit bietet, einen geschützten Rahmen für das Kreativitäts-Training zu gestalten. Ebenso wird angenommen, dass das Wissen und Verstehen der kreativitätsförderlichen und -hemmenden Aspekte der Umwelt für die Teilnehmer ein wesentlicher Bestandteil eines wirksamen Kreativitäts-Trainings ist. Es wird vermutet, dass durch die Wissensvermittlung der Einflussfaktoren auf den Kreativitätsprozess, die Teilnehmer besser verstehen können, welche ihrer Verhaltensweisen und der bisherigen Umweltbedingungen ihr kreatives Potenzial blockieren und es ihnen dadurch ermöglicht wird, vom Opfer zum Gestalter zu werden.

Kreativitätsbarrieren nach Groth & Peters zeigen vier mögliche Kategorien von Barrieren auf: *Kulturelle Barrieren, Barrieren der Wahrnehmung, Barrieren der Arbeitsumgebung* und *selbsterrichtete Barrieren*. Aufgrund dieser Aufzählung wird für die Gestaltung des Kreativitäts-Trainings dieser Untersuchung angenommen, dass Trainer und Teilnehmer sorgsam und wertfrei mit vorgebrachten Ideen umgehen müssen und die Rahmenbedingungen für ein wirkungsvolles Training wesentlich sind.

Um darzustellen, wie gängige Kreativitäts-Trainings durchgeführt werden können, wurden drei auf einschlägiger Fachliteratur basierende Trainings gegenübergestellt. Daraus ergab sich die Annahme, dass das persönliche Erleben der kreativen Fähigkeiten während eines Kreativitäts-Trainings bewirkt, dass sich die Teilnehmer ihrer Kreativität bewusster werden. Ebenso wird vermutet, dass die von der Seminarleitung geschaffenen Rahmenbedingungen eine schöpferische Atmosphäre kreieren, die den Teilnehmern das Gefühl von Sicherheit vermittelt.

3 Empirische Untersuchung

An den Ausführungen des Theorieteils soll der empirische Teil dieser Arbeit anknüpfen, indem sich aus allen bisherigen theoretischen Formulierungen für die nachfolgende Untersuchung der Wirksamkeit eines Kreativitäts-Trainings folgende Hypothesen und die daraus resultierenden erkenntnisleitenden Fragen ableiten lassen:

3.1 Erkenntnisleitende Fragen und Hypothesen

Erkenntnisleitende Frage 1: *Kommt es zur Veränderung der Selbsteinschätzung in Bezug auf die eigenen kreativen Kompetenzen, nachdem im Rahmen eines Kreativitäts-Trainings die Möglichkeit zu einschlägigen Erfahrungen bestand?*

- **Hypothese:** Die Erfahrung der eigenen kreativen Möglichkeiten im Rahmen eines Kreativitäts-Trainings stärkt den Selbstwert, die Zuversicht und den Mut zur eigenen Kreativität der Teilnehmer.

Erkenntnisleitende Frage 2: *Steigert das Kreativitäts-Training nachhaltig den bevorzugten Einsatz von Kreativitätstechniken im Arbeitsbereich der Teilnehmer?*

- **Hypothese:** Kreativitätstechniken werden von Teilnehmern im eigenen Arbeitsbereich umso eher angewandt, je stärker ihre Wirksamkeit zur Förderung kreativer Lösungen in einschlägigen Seminaren selbst erlebt werden kann.

Erkenntnisleitende Frage 3: *Lässt sich die Wirksamkeit eines Kreativitäts-Trainings auf die vom Trainer geschaffenen Rahmenbedingungen zurückführen?*

- **Hypothese:** Die Wirksamkeit eines Kreativitäts-Trainings hängt stärker von den Rahmenbedingungen der Seminarleitung als von den eingesetzten Methoden selbst ab. Je stärker die Seminarleitung Sicherheit, Fehlertoleranz, ausreichend Zeit und Ermutigung durch die eigene Person vermitteln kann, umso größer ist die Wahrscheinlichkeit, dass die Teilnehmer neue kreative Lösungen hervorbringen.

3.2 Methodisches Vorgehen

Im folgenden Kapitel wird die Methode der qualitativ orientierten Forschung dargestellt. Die Erhebung wurde mittels eines standardisierten Fragebogens durchgeführt. Die Befragung verläuft in drei aufeinander folgenden Phasen: die *Vorbereitungs-*, die *Erhebungs-* und die *Auswertungsphase*. Die Ergebnisse der Auswertung bilden den Schwerpunkt der Darstellung. Abschließend wird die Studie rückblickend bewertet und in einem Fazit die wichtigsten Schlussfolgerungen gezogen.

3.2.1 Die Vorbereitungsphase

Die Vorbereitungsphase diente dazu, die Funktion und Zielsetzung der Untersuchung, sowie das methodische Instrument zur Erhebung des notwendigen Datenmaterials festzulegen. Die Befragung der Probanden folgte grundlegend einem qualitativ-interpretativen Forschungsvorgehen (das ergibt sich aus der kleinen Stichprobe). Sie kann nur einen exemplarischen Ausschnitt eines Kreativitätstrainings und seiner Wirksamkeit erfassen. Die Untersuchung erhebt darum nicht den Anspruch, endgültige Aussagen für Kreativitäts-Trainings allgemein zu treffen. Die Ergebnisse zeigen jedoch Tendenzen auf und lassen Schlussfolgerungen zu.

3.2.2 Ziel der empirischen Untersuchung

Ziel der Befragung war es, neben der Erhebung deskriptiver Daten, u.a. Aussagen über die empfundene Anwendbarkeit und Relevanz durchgeführter Kreativitätstechniken zu erhalten. Darüber hinaus sollte erfragt werden, ob sich relevante Rahmenbedingungen der Seminarleitung auf den Prozess der Ideenfindung nachhaltig auswirken und welche Entwicklungsziele im Sinne einer Kompetenzentwicklung oder inneren Haltung durch das Kreativitäts-Training erreicht werden können. Ziel war es, Ansatzpunkte zu finden, um die Maßnahmen in Kreativitäts-Trainings zu verbessern und letztlich die Ergebnisse mit der theoretischen Auseinandersetzung abzugleichen, um meine Hypothesen zu bestätigen oder zu widerlegen.

3.2.3 Erhebungsphase/Untersuchungsablauf

Die Auswahl der Probanden für diese Untersuchung wurde aufgrund der Teilnahme an einem vom Autor geleiteten Kreativitäts-Training getroffen und spiegelt daher nicht dessen getroffene Vorauswahl wider. Dieses Kreativitäts-Training wurde an unterschiedlichen Orten in Österreich durchgeführt. Die Teilnehmer bestanden aus Frauen im Alter von 20 bis 46 Jahren (Mittelwert: 31,45 Jahre) und waren beruflich als Angestellte im Handel und in Lehrberufen tätig. Für die Durchführung der Befragung wurde ein standardisierter Fragebogen entwickelt, der 3 - 4 Wochen nach dem durchgeführten Kreativitäts-Training an die Teilnehmer online gesandt wurde. Die Teilnehmer wurden im Training darüber informiert und im Zuge dessen darüber aufgeklärt, dass es sich bei dieser Befragung um eine Studie handelt. Die Teilnahme erfolgte auf freiwilliger Basis und unter Abwesenheit der Seminarleitung. Auf die Anonymität der Angaben wurde sowohl im Training als auch in der schriftlichen Einleitung des Fragebogens hingewiesen, um eine möglichst offene Beantwortung der Fragen zu ermöglichen. Die ausgefüllten Fragebögen wurden automatisch online retourniert.

3.2.4 Methode der Befragung

„Ein Fragebogen ist eine mehr oder weniger standardisierte Zusammenstellung von Fragen, die Personen zur Beantwortung vorgelegt werden mit dem Ziel, deren Antworten zur Überprüfung der den Fragen zugrundeliegenden theoretischen Konzepte und Zusammenhänge zu verwenden. Somit stellt ein Fragebogen das zentrale Verbindungsstück zwischen Theorie und Analyse dar." [64]

Wesentlich ist es, bei der Erstellung des Fragebogens auf die qualitative und quantitative Übereinstimmung des Messinstrumentes mit dem Forschungsziel zu achten. Qualitative Übereinstimmung bedeutet die inhaltlich angemessene Operationalisierung aller Hypothesen des zugrundeliegenden theoretischen Konzepts. Quantitative Übereinstim-

---

[64] Porst, R., 2011, Fragebogen, Wiesbaden, VS-Verlag für Sozialwissenschaften /Springer Fachmedien, S. 14f

mung des Fragebogens mit dem Forschungsziel bedeutet die vollständige Operationalisierung aller Hypothesen des zugrundeliegenden theoretischen Konzepts.

„Nicht der Interviewer, der Fragebogen muss schlau sein!"[65]
Ein Fragebogen setzt sich aus den wesentlichen Merkmalen der kommunikativen Grundlagen der Befragung zusammen. Die Personen, die den Fragebogen beantworten, müssen:
- die gestellten Fragen verstehen
- relevante Informationen zum Beantworten der Frage aus dem Gedächtnis abrufen
- auf der Basis dieser Information ein Urteil bilden
- dieses Urteil gegebenenfalls in ein Antwortformat einpassen[66]

Die Fragen werden nach ihrer Form unterschieden in geschlossene, offene und halboffenen Fragen. Bei geschlossenen Fragen gibt es Einfach- und Mehrfachnennungen. Bei offenen Fragen gibt es keine Antwortkategorien. Die Befragten haben die Möglichkeit mit eigenen Worten zu antworten. Bei halboffenen Fragen wird neben den Antwortkategorien eine zusätzliche Kategorie angehängt, die wie eine offene Frage beantwortet werden kann.[67]

3.2.5 Gestaltung des Fragebogens

Die Gestaltung des Fragebogens (Fragebogenumfang, Inhalt und Art der Frageformulierungen) erfolgte nach den für die jeweilige Befragungsform gültigen Kriterien.

Der inhaltliche Schwerpunkt der Befragung liegt auf dem Untersuchungsgegenstand selbst - der Wirksamkeit des Kreativitätstrainings. Der Fragebogen besteht darum hauptsächlich aus themenbezogenen Fragen zum erlebten Kreativitäts-Training, sowie den Methoden, ihren

---

[65] Schmidtchen in Porst, R., 2011, Fragebogen, Wiesbaden, VS-Verlag für Sozialwissenschaften / Springer Fachmedien, S. 16
[79] ebenda
[67] vgl. Porst, R., 2011, Fragebogen, Wiesbaden, VS-Verlag für Sozialwissenschaften / Springer Fachmedien, S. 51

Funktionen und Auswirkung auf die innere Einstellung der Teilnehmer in Bezug zur eigenen Kreativität.

Der Fragebogen bestand aus insgesamt 27 Fragen. Diese setzten sich in einer ausgewogenen Mischung aus geschlossenen, offenen und halboffenen Fragen zusammen. Geschlossene Fragen wurden angewandt, da sie einen verbindlichen Rahmen bieten, der sich aus den vorgegebenen Antwortkategorien ableiten lässt. Zudem dienten sie der Befragungsperson, den Kontext einer Frage zu erkennen, ihren Sinn zu interpretieren und den Spielraum für eine angemessene Reaktion auf die gestellte Frage ab- und einzugrenzen. Offene Fragen wurden angewandt, wenn die möglichen Antworten unbekannt waren und vermieden werden sollte, dass die Befragten zu sehr in eine Richtung gelenkt werden. Hier dienten die offenen Fragen dem Informationsgewinn. Zudem wurden sie als Motivation für die Befragten eingesetzt, damit sie antworten konnten, wie es ihnen in den Sinn kam, ohne sich an Skalen und an der Auswahl von Antwortkategorien festlegen zu müssen[68]. Erweitert wurde diese Antwortkategorie durch Intervall-Skalen, die Antwortmöglichkeiten von 0 – 10 zuließen.

3.3 Durchführung und Auswertung

3.3.1 Beschreibung der Stichprobe

Die Stichprobe der Befragung ergab sich entsprechend aus den Rückläufen der drei Kreativitäts-Trainings. Die Rücklaufquote betrug nach 2 Wochen 40 %, nach schriftlicher Nachfassung stieg der Rücklauf auf 67 %.

---

[68] vgl. Porst, R. 2011, Fragebogen, Wiesbaden, VS-Verlag für Sozialwissenschaften /Springer Fachmedien, S. 60f

3.3.2 Ergebnisse der empirischen Befragung

Um das Ergebnis des Fragebogens auszuwerten, wurde in erster Linie auf einfache Häufigkeitsauszählungen und Mittelwertberechnungen (arithmetisches Mittel) zurückgegriffen[69].

Im Anschluss werden die Ergebnisse der Teilnehmer-Befragung zusammenfassend dargestellt. Ereignisdarstellungen und Interpretationen der Daten wurden dabei bewusst getrennt. Das vorliegende Kapitel umfasst eine kurze Darstellung der Ergebnisse mit Ausnahme der Auswertung der offenen Fragen. Hier wurden die Antworten zusammengefasst und teilweise paraphrasiert.

Im ersten Teil des Fragebogens wurden die Teilnehmer befragt, ob sie sich im Vorfeld mit Methoden zur Kreativitätsförderung beschäftigt haben, welchen Stellenwert Kreativität in ihrer beruflichen Tätigkeit hat und ob sie vor dem Training schon einmal mit Kreativitäts-Techniken in Kontakt gekommen sind.

1. Haben Sie sich bereits vor dem Seminar mit Methoden zu Kreativitätsförderung beschäftigt?

2. Was waren Ihre Beweggründe, ein Seminar zur Kreativitätsförderung zu besuchen?

Auswahl der Antworten:
- Neugier; Lust Neues kennen zu lernen und verschüttetes Potenzial hervorzuholen

---

[69] Jäger, Michael (2005): Auswertung quantitativer Daten. Online im Internet unter: www.blk-foermig.uni-hamburg.de/cosmea/core/corebase/mediabase/foermig/dokumente/Jaeger_Checkliste_Auswertung.pdf (20.09.2014)

- Karrierefördernd; auf dem Weg zu einer Führungsposition
- Kreativität ist für die Arbeit mit Menschen ein wesentlicher Bestandteil und notwendig
- benötige neue Impulse – das motiviert mich und gibt meiner Arbeit neuen Schwung – so macht mir meine Arbeit wieder mehr Freude
- möchte meine Arbeit interessant und spannend gestalten und nicht in Routine verfallen

3. Welchen Stellenwert hat Kreativität in Ihrer beruflichen Tätigkeit (0 – gar keinen bis 10 – absolut wichtig)?

15 % der Teilnehmer haben den Stellenwert mit unter 5 bewertet. Im Schnitt wurde ein Wert von 8,95 auf der elfteiligen Skala erreicht.

4. Geben Sie bitte drei konkrete Beispiele an, wo Sie Kreativität in Ihrer beruflichen Tätigkeit anwenden:

Als größten Anwendungsbereich gaben die Teilnehmer in den Bereich Lösungsfindung im beruflichen Alltag an, gefolgt von Teamarbeit und Teambuilding sowie Planung, Gestaltung und Präsentation von Projekten.

5. Sind Sie bereits vor dem Seminar mit Kreativitätstechniken in Kontakt gekommen, bzw. haben Sie solche angewendet?

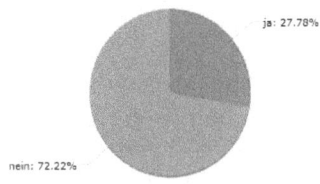

Über 70 % der Teilnehmer sind vor dem Seminar noch nie Kontakt mit Kreativitäts-Technik gekommen, bzw. haben sie solche nicht angewendet. Fast 30 % der Teilnehmer gaben an, bereits vor dem Seminar mit Kreativitäts-Techniken in Kontakt gekommen zu sein.

6. Wenn ja, welche, und mit welcher persönlichen Erfahrung?

Angewendet wurden die Techniken: Brainstorming, Mind Mapping, Phantasiereisen und die ABC Methode. Persönliche Erfahrungen im Umgang mit diesen Techniken: die Techniken helfen Denkblockaden zu lösen, lockern auf, fördern den Spaß im Team; viele Ideen werden produziert.

Die nächste Frage behandelte den wahrgenommenen Unterschied in den Rahmenbedingungen im Seminar versus das eigene Arbeitsumfeld. 0 stand dabei für sehr hinderlich und 10 für sehr förderlich.

7. Wie erlebten Sie die Rahmenbedingungen für kreative Lösungen im Seminar im Vergleich zu den Bedingungen in Ihrem Arbeitsumfeld (0 – sehr hinderlich, 10 – sehr förderlich)?

Die Rahmenbedingungen für kreative Lösungen wurden im Seminar um über 50 % förderlicher erlebt als im eigenen Arbeitsumfeld.

In den nachfolgenden Fragen ging es darum, dass die Teilnehmer den Unterschied ihrer Wahrnehmung in Bezug auf ihre eigene Lust, kreativ tätig zu sein, Ideen zu kreieren, ihren Glauben an das eigene kreative Potenzial und die Trainierbarkeit von Kreativität jeweils vor und nach dem Seminar einschätzen.

8. Fällt es Ihnen eher leicht oder eher schwer, zu neuen, ungewöhnlichen Ideen zu kommen (0 – sehr schwer, 10 – sehr leicht)?

Die Einschätzung der Teilnehmer, leicht zu neuen, ungewöhnlichen Ideen zu kommen, stieg nach dem Seminar um 18,78 %.

9. Was könnten die Gründe dafür sein?

Auswahl der Antworten:
- mehr Selbstbewusstsein durch „Übung und Training"
- Seminar war ein sehr guter Denkanstoß. Es gibt mir Mut, Neues nicht nur zu denken, sondern auch zu machen und ausgetretene Arbeitsalltagspfade zu verlassen
- Das praktische Umsetzen und Ausprobieren gab mir Zuversicht, machte Spaß und es überrascht mich, wie viel kreatives Potenzial in mir und anderen steckt
- Motivation, Anregung und Vorbild der Seminarleiterin

10. Wie hat sich Ihre Lust, kreativ tätig zu sein durch das Seminar verändert (0 – gar keine Lust dazu, 10 – bin extrem davon begeistert)?

Die Lust der Teilnehmer, kreativ tätig zu sein, hat sich nach dem Seminar um 33,87 % erhöht.

11. Wie hat sich Ihr Glaube an das eigene kreative Potenzial durch das Seminar verändert (0 – hab kein kreatives Potenzial, 10 – habe enormes kreatives Potenzial)?

Der Glaube an das eigene Potenzial ist um 26,58 % gestiegen.

12. Wie hat sich Ihr Bewusstsein, dass Sie Ihre kreativen Fähigkeiten trainieren können, durch das Seminar verändert (0 – kann meine kreativen Fähigkeiten nicht verbessern, 10 – kann meine kreativen Fähigkeiten durch Training enorm steigern)?

Vor dem Seminar hielten 25 % der Teilnehmer ihre eigenen kreativen Fähigkeiten für schlecht bis gar nicht trainierbar. Im Schnitt wurde die Trainierbarkeit mit 6,19 Punkten (von 11 möglichen) bewertet. Nach dem Seminar waren alle Teilnehmer-Bewertungen in der oberen Hälfte. Kein einziger Teilnehmer hielt seine kreativen Fähigkeiten für nicht trainierbar. Die Trainierbarkeit wurde im Schnitt mit 58,48 % höher bewertet als vor dem Seminar.

13. Wie hat sich Ihr Blick auf Kreativität allgemein durch das Seminar verändert (Mehrfachauswahl möglich)?

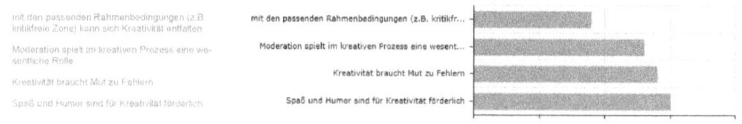

Da dies eine Pflichtfrage war, aber als Antwort keine Ausschluss-Möglichkeit gegeben wurde, muss das Ergebnis dieser Frage mit Vorsicht genossen werden. Interessant ist trotzdem, dass nur 56,3 % „Rahmenbedingungen" gewählt haben, aber 93,8 % „Spaß und Humor". 81,3 % der Teilnehmer finden auch, dass die Moderation im kreativen Prozess eine wesentliche Rolle gespielt hat.

14. Haben Sie durch das Seminar einen Anstoß bekommen, sich mehr mit dem Thema Kreativität auseinanderzusetzten (0 – gar keinen bis 10 – großen Anstoß)?

50 % der Teilnehmerinnen gaben auf diese Frage die Höchstwertung, keine einzige Teilnehmerin bewertete diese Frage in der unteren Hälfte.

15. Welche Methoden und Techniken waren für Sie neu (Mehrfachauswahl möglich)?

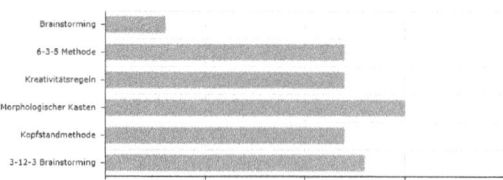

Am bekanntesten war das Brainstorming. Nur für 18,8 % der Teilnehmer war diese Technik neu. Die meisten anderen Methoden waren den

Teilnehmern durchwegs unbekannt - als unbekannteste Methode stellte sich der Morphologische Kasten heraus (93,8 % kannten ihn nicht).

16. Welche Methoden werden Sie künftig anwenden?

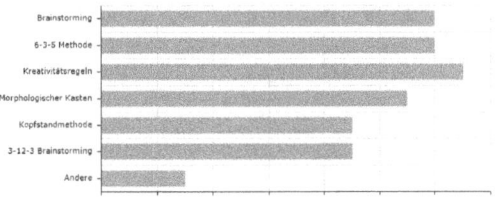

Die Anwendung der vorgestellten Kreativitäts-Techniken in der beruflichen Praxis ist für die Mehrheit der Teilnehmer auch künftig vorstellbar. Auch die Kreativitätsregeln finden für die meisten Teilnehmer (81,3 %) Eingang in die Praxis.

17. Warum gerade diese?

Auswahl der Antworten:
- sind auf viele Situationen anwendbar und sehr produktiv
- es kann im Team am besten weitergeben werden, was selbst als positiv erlebt wurde
- neue Methoden bringen frischen Schwung, nur durch Ausprobieren werden sie sich festigen
- Warm-Ups und Humor fördern die Ideenfindung ungemein

18. Welchen Stellenwert hatte Humor, Angstfreiheit, Kritikfreiheit während des Seminars (0 – gar keinen bis 10 – unverzichtbar)?

Von 11 möglichen Punkten erhielten im Schnitt:
Humor .... 10,75 Punkte
Toleranz gegenüber Ideen Anderer .... 10,63 Punkte
Angstfreiheit .... 10,25 Punkte

Kritikfreiheit ....10,19 Punkte

Alle vier Attribute wurden von allen Teilnehmerinnen im oberen Bereich der Skala angesiedelt, keine einzige Teilnehmerin bewertete die Frage im unteren Bereich.

19. Am meisten geholfen hat mir bei der Ideenfindung…

Die meisten Mehrfachnennungen gab es für die Begeisterung, Wertschätzung und Motivation durch die Kursleitung. Atmosphäre, Humor und Angstfreiheit wurden am zweithäufigsten genannt.

20. Werden Sie die im Training angewandten Kreativitätsregeln künftig in der Praxis anwenden und umsetzen?

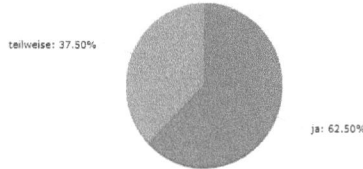

62,5 % der Teilnehmer werden die angewandten Kreativitätsregeln künftig in der Praxis anwenden. Die restlichen 37,5 % der Teilnehmer tun dies teilweise.

21. Was könnte es schwierig machen, dies im eigenen beruflichen Alltag umzusetzen?

Viele Überlappungen gab es bei den Angaben Zeitmangel und Teamgröße, die der Umsetzung im beruflichen Alltag zuwider laufen könnten. Widerstände einzelner Persönlichkeiten im Team wurden neben fehlenden Ressourcen und mangelndem Einfluss am zweithäufigsten erwähnt.

22. Die im Seminar vorgestellten Regeln und Rahmenbedingungen... (Mehrfachauswahl möglich)

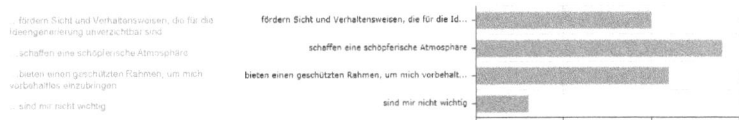

Die Regeln und Rahmenbedingungen, die im Seminar vorgestellt wurden, erachteten 18,8 % der Teilnehmer als nicht wichtig. Vor allem die durch Regeln und Rahmenbedingungen erzeugte schöpferische Atmosphäre wurde hervorgehoben (87,5 %) – sogar von einer Teilnehmerin, die zugleich ankreuzte, dass ihr die Regeln und Rahmenbedingungen nicht wichtig waren.

23. Bitte beenden Sie den Satz: Die Anleitung der verschiedenen Kreativitätstechniken... (Mehrfachauswahl möglich)

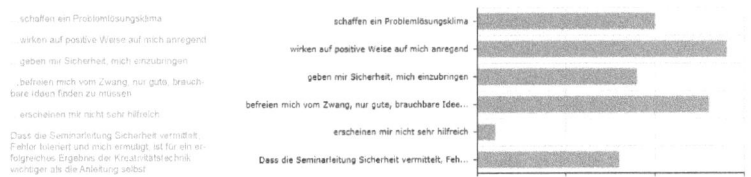

Die Anleitung der verschiedenen Kreativitätstechniken erschien nur 6,3 % der Teilnehmer als nicht hilfreich. Die überwiegende Mehrheit hat ausschließlich positive Attribute angekreuzt. 50 % der Teilnehmer hielten die Seminarleitung bei der Ausübung der Kreativitäts-Technik wichtiger als die Anleitung selbst.

24. Die Seminar-Erfahrungen... (Mehrfachauswahl möglich)

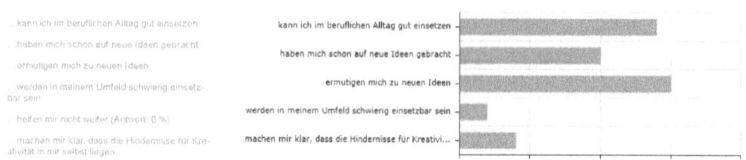

Die Seminar-Erfahrungen können für 87,5 % der Teilnehmer im beruflichen Alltag gut eingesetzt werden, für 12,5 % der Teilnehmer sind sie schwierig einsetzbar. Für 25 % der Teilnehmer wurde durch die Seminarerfahrung klar, dass die Hindernisse für Kreativität in ihnen selbst liegen. Keiner der Teilnehmer gab an, dass die Seminar-Erfahrungen ihm nicht weiterhelfen. Besonders viele Teilnehmer erfuhren durch das Seminar Ermutigung zu neuen Ideen (93,8 %).

25. Ich habe die Seminarleiterin im Prozess der Ideenfindung erlebt als...

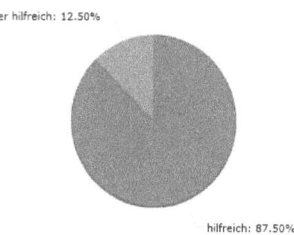

Die überwiegende Mehrheit der Teilnehmer (87,5 %) erlebte die Seminarleiterin im Prozess der Ideenfindung als hilfreich, nur 12,5 % erlebten sie als wenig hilfreich.

26. ... und zwar aus folgenden Gründen:

Folgende Attribute fanden sich in den Antworten der Teilnehmer am häufigsten:
- begeistert, motivierend
- kompetent
- offen, wertschätzend
- humorvoll, lustig

4 Interpretation der Ergebnisse

Im folgenden Kapitel werden die Ergebnisse der Auswertung des Fragebogens diskutiert und interpretiert. Die Darstellung der Ergebnisse orientiert sich an den erkenntnisleitenden Fragen unter Einbezug des theoretischen Teils.

4.1 Veränderung der Selbsteinschätzung

Erkenntnisleitende Frage: *Kommt es zur Veränderung der Selbsteinschätzung in Bezug auf die eigenen kreativen Kompetenzen, nachdem im Rahmen eines Kreativitäts-Trainings die Möglichkeit zu einschlägigen Erfahrungen bestand?*

Die Hypothese lautete: Die Erfahrung der eigenen kreativen Möglichkeiten im Rahmen eines Kreativitäts-Trainings stärkt das Selbstvertrauen, die Zuversicht und den Mut zur eigenen Kreativität der Teilnehmer.

Diese Hypothese wurde abgeleitet von Waschull & Kernis (s. S. 29), die das Selbstvertrauen und die Beschäftigung mit dem Thema als Schlüsselfaktoren der Kreativität bezeichnen. Die Selbsteinschätzung bezüglich des eigenen Potenzials sagt zwar nichts über das tatsächliche Selbstvertrauen bzw. das damit verbundene kreative Potenzial aus, sie beeinflusst jedoch, inwieweit man darauf zugreifen kann und steigert die Motivation, diese Fähigkeit anzuwenden und zu trainieren.

Um die Selbsteinschätzung zu erhöhen, wurden die Teilnehmer in den Seminaren mit der Durchführung von Kreativitätstechniken, den einzelnen Stärken und Schwächen der Techniken und dem Erfolgserlebnis durch das damit erzielte Ergebnis konfrontiert. Durch diese Selbsterfahrung konnten sie die Wirkung der Methoden selbst erleben.

In der vorliegenden Studie wurde die Veränderung der Selbsteinschätzung der Teilnehmer vor und nach dem Seminar überprüft und ergab folgendes Ergebnis: Die Selbsteinschätzung, leicht zu neuen, ungewöhnlichen Ideen zu gelangen, stieg nach dem Training um 18,78 % an. Gründe, die dafür angegeben wurden, waren die Möglichkeit des praktisches Umsetzens und Ausprobierens, die den Teilnehmern Zuversicht und Motivation gaben, ausgetretene Arbeitsalltagspfade zu verlassen, anders zu denken und zu handeln. Diese positiven Erfahrungen im Training führten laut Angaben der Teilnehmer zu mehr Selbstvertrauen.

Ausnahmslos bei jedem Teilnehmer hat es eine Verbesserung der Selbsteinschätzung gegeben (im Schnitt um 26 %). Das Bewusstsein, dass die eigenen kreativen Fähigkeiten trainierbar sind, stuften 25 % der Teilnehmer vor dem Training als gering bis gar nicht trainierbar ein. Durch das Erleben des eigenen kreativen Potenzials im Seminar hielt nach dem Kreativitäts-Training kein einziger Teilnehmer seine kreativen Fähigkeiten für nicht trainierbar. Das Bewusstsein um die Trainierbarkeit wurde im Schnitt mit 58,48 % höher bewertet als vor dem Seminar. 87,5 % der Teilnehmer waren sich nach dem Kreativitäts-Training bewusst, dass Kreativität vor allem Mut zu Fehlern braucht.

Fazit: Nach dem Kreativitäts-Training wiesen alle Teilnehmer eine höhere Selbsteinschätzung in Bezug auf ihre eigenen kreativen Fähigkeiten auf. Die Hypothese, dass die Erfahrung der eigenen kreativen Möglichkeiten im Rahmen eines Kreativitäts-Trainings das Selbstvertrauen der Teilnehmer stärken kann, wird dadurch bekräftigt. Verbessert hat sich nicht nur die ICH-Stärke sondern auch die Frustrationstoleranz.

4.2 Nachhaltiger Einsatz von Kreativitätstechniken

Erkenntnisleitende Frage: *Steigert das Kreativitäts-Training nachhaltig den bevorzugten Einsatz von Kreativitätstechniken im Arbeitsbereich der Teilnehmer?*

Die Hypothese lautete: „Kreativitätstechniken werden von Teilnehmern im eigenen Arbeitsbereich umso eher angewandt, je stärker ihre Wirksamkeit zur Förderung kreativer Lösungen in einschlägigen Seminaren selbst erlebt werden konnte."

Ziel der vorliegenden Arbeit ist es, die Wirksamkeit von Kreativitäts-Trainings zu untersuchen. Es wird angenommen, dass die Wirksamkeit eines Seminars sich in der Anwendung des erlernten Materials im tagtäglichen Umfeld widerspiegelt. Daher wurde die Befragung bewusst 3 bis 4 Wochen nach dem Training durchgeführt, sodass in diesem Falle nicht vom Begeisterungshype am Ende des Trainings ausgegangen wird, sondern die Teilnehmer bereits wieder einige Zeit im beruflichen Alltag tätig waren.

Um die nachhaltige Wirkung des Kreativitäts-Trainings zu erhöhen, wurden Transfermethoden angewandt, die dazu beitragen, die empfundenen positiven Erfahrungen und Erlebnisse im Training auch nach dem Training wieder ins Bewusstsein der Teilnehmer zu rufen.

Die Fragen nach der Nachhaltigkeit wurden wie folgt beantwortet: 3 bis 4 Wochen nach dem Kreativitäts-Training hat sich die *Lust der Teilnehmer, kreativ tätig zu sein*, um 33,87 % erhöht. Auf die Fragen, ob die Teilnehmer durch das Seminar einen *Anstoß bekommen haben, sich mehr mit dem Thema Kreativität auseinanderzusetzen*, gab die Hälfte der Teilnehmer auf diese Frage die Höchstwertung. Keine einzige Teilnehmerin bewertete diese Frage in der unteren Hälfte der 11-teiligen Skala. Die *Anwendung der vorgestellten Kreativitäts-Techniken in der beruflichen Praxis* ist für die Mehrheit der Teilnehmer auch künftig vorstellbar, weil sie an ihre Teamkollegen am besten weitergeben können, was sie selbst als positiv erlebt haben. Für 87,5 % der Teilnehmer können die Trainings-Erfahrungen im beruflichen Alltag gut eingesetzt werden, wohingegen 12,5 % der Teilnehmer Bedenken äußerten. Als Gründe dafür wurden Zeitmangel, Teamgröße, sowie befürchtete Widerstände einzelner Persönlichkeiten im Team angegeben.

Fazit: Die Lust der Teilnehmer, kreativ tätig zu sein, hat sich nach dem Kreativitäts-Seminar bei fast allen Teilnehmern erhöht. Gleich geblieben ist sie nur bei jenen, die schon vor dem Seminar Maximalwerte angaben. Die Teilnehmer erhielten durch das Seminar überdies einen Anstoß, sich mehr mit dem Thema Kreativität auseinanderzusetzen und gaben in der Befragung an, die vorgestellten Kreativitäts-Techniken in der beruflichen Praxis nach dem Seminar vermehrt einsetzen zu wollen. Das unterstützt die Hypothese, dass Kreativitäts-Techniken im eigenen Arbeitsbereich umso eher angewandt werden, je stärker ihre Wirksamkeit zur Förderung kreativer Lösungen in einschlägigen Trainings selbst erlebt wird.

4.3 Trainer und Rahmenbedingungen

Erkenntnisleitende Frage: *Lässt sich die Wirksamkeit eines Kreativitätstrainings auf die vom Trainer geschaffenen Rahmenbedingungen zurückführen?*

Die Hypothese lautete: „Die Wirksamkeit eines Kreativitäts-Trainings hängt stärker von den Rahmenbedingungen der Seminarleitung als von den eingesetzten Methoden selbst ab: Je stärker die Seminarleitung Sicherheit, Fehlertoleranz, ausreichend Zeit und Ermutigung durch die eigene Person vermitteln kann, umso größer ist die Wahrscheinlichkeit, dass die Teilnehmer neue kreative Lösungen hervorbringen."

Die Teilnehmer erlebten im Kreativitäts-Training die Möglichkeit, kreative Lösungen zu finden. Im Unterschied zu ihrem beruflichen Alltag bildeten dabei Kreativitäts-Regeln Rahmenbedingungen, die aufgrund der Erkenntnisse der Einflussfaktoren auf kreative Prozesse (s. Kapitel *„Einflussfaktoren auf Prozesse der Kreativität"*, S. 44ff) entwickelt wurden.

Basierend auf den Rückmeldungen des Fragebogens, waren für mehr als die Hälfte der Teilnehmer die Kreativitäts-Regeln neu. Die Erfahrung der durch die Kreativitäts-Regeln geschaffenen Rahmenbedingungen erachteten 81,3 % der Teilnehmer bei der Ideengenerierung als so hilfreich, dass sie diese nach dem Training in ihrem Arbeitsbereich einführen möchten. Darüber hinaus wirkten die Kreativitäts-Regeln für 87,5 % der Teilnehmer auf positive Weise anregend.

Die im Training vorgestellten und angewendeten Regeln und Rahmenbedingungen schafften ebenso für 87,5 % eine schöpferische Atmosphäre und boten für mehr als die Hälfte der Teilnehmer (68,8 %) einen Rahmen, um sich vorbehaltlos einzubringen. Zudem förderten sie für mehr als die Hälfte der Teilnehmer (62,5 %) Sicht- und Verhaltensweisen, die für die Ideengenerierung unverzichtbar sind. Wesentliche Aspekte der Rahmenbedingungen sind Humor, Angstfreiheit, Kritikfreiheit sowie Toleranz gegenüber Ideen anderer. All diese Aspekte hatten während des Trainings einen hohen Stellenwert für die Teilnehmer. Jeder einzelne wurde in der Bewertung von den Teilnehmern als annähernd unverzichtbar eingestuft (der Mittelwert der Antworten aus der Frage 18 ergibt 10,455 auf der 11-teiligen Skala).

Die Seminarleitung wurde im Prozess der Ideenfindung von der überwiegenden Mehrheit (87,5 %) als hilfreich erlebt. Auf die offene Frage nach den Gründen wurden folgende Attribute von den Teilnehmern am häufigsten genannt: Motivation, Kompetenz, Wertschätzung der Teilnehmer, Humor und Sicherheit. Gründe, sie als wenig hilfreich wahrgenommen zu haben, wurden nicht genannt.

81,3 % der Teilnehmer sprechen der Moderation im kreativen Prozess eine wesentliche Rolle zu.

Fazit: Die Teilnehmer haben die Seminarleitung als zentrale Rolle bei der Ideenfindung empfunden. Sie erlebten die Rahmenbedingungen der Seminarleitung als förderlich für den kreativen Prozess. Ob sie dadurch für die Wirksamkeit des Trainings wirklich wichtiger waren als die Kreativitäts-Methoden selbst, ist dadurch jedoch nicht bewiesen. Dazu müsste eine Vergleichsgruppe gebildet werden, die Kreativitäts-Methoden ohne Rahmenbedingungen und ohne Unterstützung der Seminarleitung anwendet. Anschließend müssten die Ergebnisse beider Gruppen verglichen werden. Die Hypothese, dass die Rahmenbedingungen für die Wirksamkeit eines Kreativitäts-Trainings wichtiger sind als die Kreativitäts-Methoden selbst, konnte somit nicht eindeutig verifiziert werden.

5 Zusammenfassung

Das Ziel der vorliegenden Arbeit bestand darin, die Wirksamkeit von Kreativitäts-Trainings zu untersuchen. Können Kreativitäts-Trainings nachhaltig das kreative Verhalten der Teilnehmer erhöhen – und wenn ja, unter welchen Bedingungen ist dies möglich? Außerdem führt das Ergebnis zu theoretischen Ansatzpunkten, um künftig die methodischen Ansätze in Kreativitäts-Trainings zu verbessern.

Die theoretischen Recherchen brachten Einsichten in die wissenschaftlichen Grundlagen der Kreativität. Das Phänomen der menschlichen Kreativität ist sehr vielschichtig und komplex und wird daher in der Wissenschaft aus unterschiedlichen Blickwinkeln und Erkenntnisinteressen betrachtet und untersucht. Je nach Sichtweise und Anwendungsbereich gibt es unterschiedliche Definitionen. Unter anderem findet man im *Komponentenmodell* nach *Teresa Amabile* einen komplexen Ansatz zur Erklärung der individuellen Kreativität und Richtlinien, die die Qualität der Problemlösung steigern. Im Theorieansatz des *Beiträgekombinationsmodells* nach *Nijstad und Paulus* wird dargestellt, dass das kreative Leistungsvermögen einer Gruppe einerseits abhängig ist von deren Ressourcen, andererseits von Prozessverlauf, Gruppenklima und Umwelt. Rahmenbedingungen, die das kreative Potenzial zur Entfaltung bringen, werden u.a. auch von *Amabile* und *Gryskiewicz* definiert. Als Schlüsselfaktor für Kreativität wird die Persönlichkeitseigenschaft „Selbstvertrauen" besonders von *Waschull & Kernis* hervorgehoben - sie spielt ebenso im Persönlichkeitsmodell nach Gardner eine zentrale Rolle und wurde auch von *Sonnenburg* angeführt.

Dies führte zu den erkenntnisleitenden Annahmen, dass die Erfahrung der eigenen kreativen Möglichkeiten im Rahmen eines Kreativitäts-Trainings das Selbstbewusstsein in Bezug auf Kreativität stärkt. Darüber hinaus wird angenommen, dass die in einem Kreativitäts-Training erlernten Kreativitätstechniken im Arbeitsalltag nachhaltig angewandt werden. Für die Wirksamkeit eines Kreativitäts-Trainings wird überdies angenommen, dass den Teilnehmern durch die Seminarleitung spezielle Rahmenbedingungen gesetzt werden müssen.

Zusammenfassung

Um die Annahmen der vorliegenden Studie empirisch überprüfen zu können, wurden Kreativitäts-Trainings veranstaltet und die Auswirkungen auf die Kreativität der Teilnehmer mehrere Wochen danach anhand eines Fragebogens untersucht.

Die Studie bestärkt die Hypothese, dass Kreativitäts-Trainings das Selbstbewusstsein in Bezug auf Kreativität tatsächlich steigern können. Die Trainings führen auch zu einer verstärkten Anwendung der gelernten Kreativitäts-Techniken im beruflichen Umfeld. Des Weiteren ergaben sich Hinweise, dass die Seminarleitung eine schöpferische Atmosphäre auf Basis von Rahmenbedingungen schaffen kann, die sehr positive Auswirkungen auf kreative Prozesse haben. Ob eine Gruppe auf diese Weise tatsächlich zu mehr und besseren Ergebnissen gelangt als mit der bloßen Anleitung einer Kreativitäts-Technik, konnte nicht eindeutig verifiziert werden. Künftige Untersuchungen sollten diesen Aspekt anhand von standardisierten Beobachtungen genauer überprüfen.

Diese Ergebnisse bestärken zwei der drei Hypothesen und führen darüber hinaus zu theoretischen Ansatzpunkten, um künftig die methodischen Ansätze in Kreativitäts-Trainings zu verbessern.

Die vorliegende Untersuchung zeigt, dass das eigene Erleben des kreativen Potenzials im Kreativitäts-Training ausschlaggebend für dessen Wirksamkeit ist. Für künftige Kreativitäts-Trainings heißt das, dass Teilnehmer so viel wie möglich selbst aktiv sein sollen, um auf diese Weise zu eigenen Erlebnissen und Erfahrungen zu gelangen. Dieser Ansicht sind auch Waschull & Kernis, die die Selbstwirksamkeit durch Beschäftigung mit dem Thema als wesentliche Komponente sehen, um dadurch zu mehr Selbstvertrauen zu gelangen.

Eine weitere Erkenntnis aus der Untersuchung ist, dass die Seminar-TN das von der Seminarleitung gebotene Containment - also ein geschützter Rahmen, der die Entfaltung einer kreativitätsfördernden Atmosphäre im Training ermöglicht - sehr befürwortet wurde. Diese führte dazu, dass sich die Teilnehmer sicherer fühlten und dadurch eher bereit waren, sich zu öffnen und sich auf ihr kreatives Potenzial einzulassen. Auch wenn das Ergebnis nicht mit jenem einer Kontroll-

Zusammenfassung

gruppe verglichen wurde, wird empfohlen, Teilnehmern kreativitätsfördernde Rahmenbedingungen zu bieten. Dies wird auch von Amabile und Gryskiewicz und ihren kreativitätsförderlichen Aspekten der Umwelt bestätigt, die sich offenbar auch auf Kreativitäts-Trainings übertragen lassen. Auch Sternberg und Lubart beschreiben in ihren theoretischen Grundannahmen, dass sie eine unterstützende Umgebung als wesentlich erachten, damit interne kreative Ressourcen der Teilnehmer nach außen getragen werden können.

Die Trainierbarkeit von Kreativität in einem Seminar hat auch Grenzen. So ist die dritte Komponente des Komponentenmodells von Amabile, das Fachwissen, anwendungsspezifisch und daher im Kreativitäts-Training nicht trainierbar. Diese liegt in der eigenen Verantwortung der Teilnehmer.

Ebenso gilt das für die nachhaltige Entwicklung der Persönlichkeitseigenschaften kreativer Personen (s. S. 29, *Sechs Metaeigenschaften kreativer Persönlichkeiten*) - diese sind keine Trainings- sondern Coaching-Aufgaben. Im Training können höchstens Anstöße in diese Richtung gegeben werden, etwa durch Vorbildwirkung der Seminarleitung. Die Arbeit an der eigenen Persönlichkeit muss in einem langfristigen Prozess durchgeführt werden, idealerweise mit Hilfe eines Coaches.

Die vorliegende Studie bekräftigt die Indizien, dass durch das Kreativitäts-Training zwei Komponenten der Kreativität nach Amabile (kreativitätsrelevante Prozesse und Motivation) verbessert werden können. Dieses Ergebnis rechtfertigt Kreativitäts-Trainings, denn Amabile gibt in ihrer theoretischen Grundannahme an, dass die Erhöhung des Niveaus einzelner Komponenten den kreativen Output insgesamt steigert. Das Trainieren dieser zwei Komponenten ist fächerübergreifend und somit universell anwendbar.

Zusammenfassung

Literaturverzeichnis

Amabile, T.M., 1997, Motivating Creativity in Organizations, California Management Review Vol 40

Amabile, T.M., 1996, Creativity in context. Update to The social psychology of creativity. Boulder, Col: Westview Press

Amabile, T.M., Gryskiewicz, S.S., 1988, Creative human resources in the R&D laboratory: How environment and personality affect innovation. in: Kuhn, R.L., McGraw-Hill, Handbook for creative and innovative managers, New York

Brodbeck, K.H., 1995, Entscheidung zur Kreativität, Darmstadt, Wissenschaftliche Buchgesellschaft

Brodbeck, K.H., in Haertel, T., 2009 Universitäten am Scheideweg, Bielefeld, UniversitätsVerlag Webler

Brunner, A., 2008, Kreativer denken, München, Oldenbourg Wissenschaftsverlag

Csikszentmihalyi, M., 2010, Flow, Stuttgart, Klett-Cotta

Csikszentmihalyi, M., 2014, Flow und Kreativität, Stuttgart, Klett-Cotta

Fink, A., 2009, SE zur Differentiellen Psychologie: Kreativität, Vorlesungsunterlagen zur Veranstaltung „Seminar on Creativity", Universität Graz, Abteilung für Differentielle Psychologie

Florida, R. (Hrsg.), 25.08.2011, in: GEOkompakt - Die Grundlage des Wissens: Intelligenz, Begabung, Kreativität Nr. 28

Förster, J. und Denzler, M., 2006, in Handbuch der Allgemeinen Psychologie – Kognition, Göttingen, Hogrefe Verlag

Fromm, E., 1959, The Creative Attitude, in: Anderson, H., Creativity and its Cultivation, New York, Harper & Row

Funke, J., 2008, Kreativitätstechniken, in: Nünning, V. (Hrsg.), Schlüsselkompetenzen: Qualifikationen für Beruf und Studium, Stuttgart, Verlag J.B. Metzler

Gaier, C., 2011, Management kreativer Prozesse, Wiesbaden, Gabler Verlag/Springer Fachmedien

Gardner, H., 1996, So genial wie Einstein: Schlüssel zum kreativen Denken, Stuttgart, Klett-Cotta

Gardner, H., 1999, Kreative Intelligenz, Frankfurt/New York, Campus Verlag

Giesler, M., 2003, Kreativität und organisationales Klima, Münster, Waxmann Verlag

Guilford in Giesler, M., 2003, Kreativität und organisationales Klima, Münster, Waxmann Verlag

Holm-Hadulla, R., 2000, Kreativität, Berlin Heidelberg, Springer-Verlag

Groth, J. C. & Peters, J., 1999, What blocks creativity? A managerial perspective. Creativity and Innovation Management 8, aus: Kylen, S. & F., Shani, A., B., 2008, Creativity and innovation management, Innovation Support Transfer

Kämmera, A. in Holm-Hadulla, R., 2000, Kreativität, Berlin Heidelberg, Springer-Verlag

Kramer, R., 1985, Der Unternehmer und sein Gewinn, Berlin, Duncker und Humblot

Maslow, A., 1959, Creativity in Self-Actualizing People, in: Anderson, H., Creativitiy and its Cultivation, New York, Harper & Row

Meißner, W., in Asanger,R. & Wenninger G. (Hrsg.), 1988, Handwörterbuch der Psychologie, München, Psychologie Verlag Union

Nijstad, B.A., Paulus, P.B., 2003, Group Creativity: Common Themes and Future Directions, in Nijstad, B., Paulus, P, Group Creativity: Innovation through Collaboration, New York, Oxford University Press

Nijstad, B.A.; Stroebe, W.; Lodewijkx, H.F.M., 2006, Studie „The illusion of group productivity: A reduction of failures explanation", in: European Journal of Social Psychology, Ausgabe 36

Nütten, I., in Backerra H., Malorny C., Schwarz W., 2007, Kreativitätstechniken - Kreative Prozesse anstoßen, München, Carl Hanser Verlag

Porst, R., 2011, Fragebogen, Wiesbaden, VS-Verlag für Sozialwissenschaften /Springer Fachmedien

Rogers, C., 1959, Toward a Theory of Creativity, in: Anderson, H., Creativitiy and its Cultivation, New York, Harper & Row

Schlicksupp, H., 1999, Innovation, Kreativität und Ideenfindung, Würzburg, Vogel Business Media

Schlicksupp, H., 2004, Ideenfindung, Würzburg, Vogel Business Media GmbH & Co. KG

Schmidtchen in Porst, R., 2011, Fragebogen, Wiesbaden, VS-Verlag für Sozialwissenschaften /Springer Fachmedien

Simonton in Holm-Hadulla, R., 2000, Kreativität, Berlin Heidelberg, Springer-Verlag

Sonnenburg, S., 2007, Kooperative Kreativität, Wiesbaden, Deutscher Universitäts-Verlag

Sternberg, R., Lubart, T., 1996, Investing in Creativity, American Psychologist, VOL. 51, No. 7

Urban, K., 2004, Kreativität: Herausforderung für Schule, Wissenschaft und Gesellschaft, Münster, LitVerlag Münster

Ward in Fanselow, C., 2004, Kreativität – Ein Überblick, Studienarbeit, Matr. Nr. 127049

Waschull, S. B., Kernis, M. H., 1996, Level and stability of self-esteem as predictors of children's intrinsic motivation and reasons for anger, aus: http://www.innosupport.net/index.php?id=2100&L=1, 09.08.2014

www.ingramcontent.com/pod-product-compliance
Lightning Source LLC
Chambersburg PA
CBHW051814170526
45167CB00005B/2016